JN441303

중학 수능
국어 영어 수학
공무원 시험
공부 방법

중학 수능 국어 영어 수학 공무원 시험 공부 방법

강남 엄마들에게 충격적인 소식! 수학 선행 학습 필요한가?

초판 1쇄 발행 2026년 3월 3일

지은이 백영승
펴낸이 장길수
펴낸곳 지식과감성#
출판등록 제2012-000081호

교정 정은솔
디자인 강샛별
편집 강샛별
검수 주경민, 이현
마케팅 김윤길

주소 서울시 금천구 벚꽃로298 대륭포스트타워6차 1212호
전화 070-4651-3730~4
팩스 070-4325-7006
이메일 ksbookup@naver.com
홈페이지 www.knsbookup.com

ISBN 979-11-392-3124-3(03370)
값 20,000원

강남 엄마들에게 충격적인 소식!

수학 선행 학습 필요한가?

중학 수능 국어 영어 수학 공무원 시험 공부 방법

백영승 지음

* 확실히 알고 말하는 사람은 간단 명료하고 쉽게 말합니다.
이 책을 초등학생 때부터 대학 졸업 후 공무원 시험 볼 때까지
보관하고 읽으며 이 책에서 말한 그대로 공부하십시오.

지식과감성#

머리말

자기 생각으로 이론을 지어 말하는 사람들의 말은 복잡하기만 하고 알맹이가 없습니다.

그러나 확실히 알고 말하는 사람의 말은 간단명료하여 이해가 잘되고 적용하기 쉽습니다.

수능 시험 한 달 전쯤 되면 전국의 거의 모든 고등학교 선생님들과 입시 학원 선생님들과 고3 수험생을 둔 어머니들이 멘붕에 빠집니다.

어떤 멘붕에 빠질까요?

제일 중요한 마지막 한 달 동안 무엇을 어떻게 공부시켜야 하는지 모르는 그런 멘털 붕괴에 빠집니다.

멘붕에 빠질 수밖에 없는 이유는 이렇습니다.

수능 시험 마지막 한 달 동안 고등학교 1학년 때부터 배운 수학을 처음부터 복습하는 일을 시작할 수도 없고, 그제야 영어 단어장 하나 외우는 일을 시작할 수도 없고, 세 권이나 되는 두꺼운 암기 과목 교재들을 앞에서부터 다시 읽어가면서 외울 수도 없고, 다시 말해 한 달 동안 전 과목 공부를 어떻게 마무리를 해야 잘하는 것인지를 모르는 멘붕에 빠진다는 것입니다.

그래서 거의 전국의 고등학교와 일선 입시 학원들에서는 마지막 한 달 동안은 계속 문제집들을 풉니다.

그 방법이 꼭 효과적이라는 확신이 들어서가 아니라 그것밖에는 달리 무엇을 해야 하는지 생각이 안 나기 때문입니다.

그냥 손 놓고 있을 수도 없고요.

그리고 그때쯤 되면 입시 전문 출판사들에서 각종 파이널 문제집들을 홍수처럼 쏟아내고 다른 사람들도 다 그렇게 하니 자신도 그렇게 해야 하는 줄 아는 것입니다.

그러나 마지막 한 달 동안 문제집만 풀고 있는 것은 점수를 잃어버리는 아주 흔한 방법 중의 하나입니다.

그것은 훌륭한 입시 전략이 아닙니다.

전체적으로 개념이 부실한 학생의 실력이 문제집만 푼다고 올라가겠습니까?

마라톤 경기에서 후반 결승선 얼마 안 남겨 놓고 엎치락뒤치락 순위가 많이 바뀌는 것을 여러 번 보지 않으셨습니까?

9월 마지막 모의고사까지는 점수가 꽤 잘 나왔는데 막상 수능 점수 뚜껑을 열어 보고 나서 크게 실망하는 학생들이 많이 있습니다.

치밀하고 정확한 공부 전략이 필요합니다.

물론 문제집도 풀어야 하지만 전체적인 총 복습을 체계적으로 잘해야 합니다.

다시 한번 말씀드리면, 예를 들어 **수능 시험이 11월 15일이라면 9**

월 말까지는 어떻게 공부하다가 10월 초부터는 어떻게 마무리를 할 것인지 명확한 플랜이 서 있어야 한다는 것입니다.

그 플랜이 없이 공부를 하게 되면 시험에 임박해서 무엇을 해야 할지 몰라 우왕좌왕하게 되고 여기저기서 둑이 무너지고 있는데도 마땅히 할 것이 없어 문제집만 풀고 있어야 하는 서글픈 상황이 벌어집니다.

제17장에서 한 번 더 말씀드리겠지만 문제집에는 내가 얼마나 알고 있는지 체크하면서 알고 있는 것을 활용하는 능력을 키워주는 기능이 있는 것이지 모르는 것을 새로 알려 주며 개념을 튼튼하게 해주는 기능이 있는 것이 아닙니다.

특히 암기 과목은 마지막 단계에서 문제집만 풀고 있으면 그나마 알고 있는 것도 잊어버리게 되면서 점수가 추락하는 과목입니다.

그런 일을 어떻게 피할 수 있습니까?
이 책을 쓴 목적이 바로 그 방법을 알려 드리는 것입니다.

중간고사이든 모의고사이든 수능 시험이든 공무원 시험이든 논문 시험이든 언제 무엇을 어떻게 공부해야 하는지에 대해 명확하게 알게 되어 **어머님의 머릿속이 개운해지고 마음은 확실한 이해에 근거한 희망과 기쁨으로 가득 차게 될 것입니다.**

이 책에서 제시하는 방법 중 상당 부분은 대부분의 선생님들이 말하는 내용과 많이 다릅니다.

그래서 확실히 더 확인해 보고 싶을 수도 있습니다.

또 실제로 적용하려고 할 때 궁금하신 추가 사항이 있을 수 있습니다.

자녀 교육과 관련하여 궁금하신 점이 있으면 메일로 문의를 주십시오.

기꺼이 자세하게 설명해 드리겠습니다.

✉ jbys1935@naver.com

목차

제Ⅲ부
영어 공부하는 방법

제Ⅳ부
암기 과목 공부하는 방법

제Ⅴ부
국어 공부하는 방법

제VI부
수학 공부하는 방법

제VII부
수능 마지막 한 달 동안 전 과목 마무리하는 방법

제Ⅷ부
공무원 시험, 논문 시험 준비하는 방법

제 I 부

공부를 잘한다는 말의 뜻 – 좋은 방법으로 많이 하는 것

제1장

결과에 대한 확신이 있으면 공부가 힘들지 않다

시험이 두렵게 생각되고, 공부하기가 힘들다고 느껴지는 한 가지 큰 이유는 바로 결과에 대한 확신의 부족입니다.

자신이 힘들게 수고한 일의 좋은 결과를 보게 될 것인지에 대한 의구심은 사람을 지치게 할 수 있습니다.

그러나 '아 이렇게 하면 정말 되겠구나' 하는 확신을 갖게 되면 공부하는 일이 별로 힘들지 않게 됩니다.

이 책을 읽으시면 어머니께서는 기쁜 마음으로 자녀의 학습 지도를 하실 수 있게 될 것입니다.

저는 일선 학원에서 오랫동안 이 공부 방법을 적용하여 학생들이 예상을 크게 뛰어넘는 좋은 결과를 얻는 경우를 수없이 보아 왔습니다.

다음 장에서는 공부를 잘한다는 말의 뜻이 무엇인지 설명하겠습니다.

제2장
공부를 잘한다는 말은 첫째 좋은 방법으로, 둘째 많이 한다는 뜻이다

공부를 잘한다는 말의 뜻이 무엇인지 정확하게 알아야 공부를 잘할 수 있지 않겠습니까?

공부를 잘한다는 말의 뜻이 무엇인지 모른다면 공부를 잘할 수 없을 것입니다.

공부를 잘한다는 말을 점수가 잘 나온다는 뜻으로 이해하면 틀린 말은 아니지만 그런 정의는 공부를 잘하기 위해서 아무 도움이 안 되는 말입니다

공부를 잘한다는 말은 **첫째 좋은 방법으로, 둘째 많이 한다는 뜻입니다.**

다시 말해 (1) 공부하는 방법과 (2) 공부하는 양의 문제입니다.

이렇게 정의를 내려놓으면 공부를 잘하게 되는 방법을 더 분석적으로 명료하게 이해하는 데 도움이 됩니다.

그리고 여기서 좋은 방법이란 효율성이 최대이면서도 적용하기 쉬운 방법을 말합니다.

적용하기 어려운 방법은 좋은 방법이 아닙니다.

물론 타고난 학습 능력, 소위 IQ도 중요한 요소이긴 하지만 그건 본

인의 노력으로 어쩔 수 없는 요소이니 논의에서 제외합니다.

비슷한 학습 능력을 가진 학생이 같은 시간 공부할 때 제가 알려 주는 방법으로 하는 것과 보통의 일반 방법으로 할 때 영어와 암기 과목은 5배 이상, 국어는 2배 이상, 수학은 1.5배 이상 차이가 납니다.

수학은 비교적 타고난 학습 능력과 공부하는 양에 따라 차이가 나지만 영어와 암기 과목은 공부하는 방법에 따라 차이가 매우 많이 나는 과목입니다.

그런데 영어는 공부의 양이 수학보다 3배는 많은 과목입니다.
그러므로 영어와 암기 과목을 정확한 방법으로 공부하면 남는 시간을 수학에 더 많이 배정할 수 있어서 타고난 학습능력이 조금 부족한 학생이라도 수학을 잘할 수 있게 됩니다.

길 하나를 가르쳐 줄 때도 알기 쉽게 잘 가르쳐 주는 사람이 있고 무슨 말을 하는지 도대체 모르게 가르쳐 주는 사람이 있지 않습니까?

하물며 여러 과목을 여러 해에 걸쳐 공부한 후 하루의 시험 날짜를 정해서 그 날짜에 기억의 최대치를 유지한 상태로 시험장에 들어가게 하는 이 어렵고 복잡한 과정에는 얼마나 더 훌륭하고 전문적인 지도가 필요하겠습니까?

또 훌륭한 방법으로 공부를 하게 되면 자신감이 생기기 때문에 공부하는 양도 늘어납니다.

마치 힘들게 일을 해도 꼬박꼬박 예금 통장에 돈이 쌓이면 일을 힘든지 모르고 즐겁게 할 수 있지만, 돈이 조금 들어오는 것 같다가도 이리저리 지출되어서 통장의 잔고가 잘 오르지 않으면 나중에는 지쳐서 일할 의욕도 나지 않는 것과 비슷합니다.

공부하는 방법이 효율적이지 않아 공부하고 잊어버리는 일만 반복하다 보면 불안해지고 의욕이 떨어져서 공부하는 양도 많이 안 나오지만 명확하고 훌륭한 방법으로 공부하면 확신과 자신감이 생겨 공부하는 양도 더 늘어난다는 말입니다.

그러므로 공부하는 좋은 방법을 알고 있는 훌륭한 선생님을 만나는 것은 참으로 인생 전체를 바꾸어 놓을 만큼 행복한 일이라고 할 수 있습니다.

그런데 공부하는 방법은 과목별로 이야기를 자세히 해야 하므로 먼저 공부를 많이 할 수 있는 양의 문제부터 설명하겠습니다.

제3장

공부할 매일의 목표를 정하여 기록하라

공부할 매일의 목표량을 그날그날 정하는 것이 매우 중요합니다.

예를 들어 신발 공장 사장님이 직원들에게 "그냥 만드는 대로 열심히 한번 만들어 봅시다."라고 말할 때와 "이번 주에는 1,000켤레를 만들어 봅시다."라고 말하고 '이번 주 목표 1,000켤레'라고 써서 벽에 붙여 놓고 격려할 때에 생산량에 차이가 있을까요?

차이가 나도 아주 많이 날 것입니다.

목표량을 정하고 노력하면 1,000켤레를 만들어 낼 수 있지만 "그냥 만드는 대로 열심히 만들어 봅시다." 하면 절대 1,000켤레를 만들어 낼 수 없습니다.

일단 직원들이 마음속에 1,000켤레라는 목표량에 대한 의식을 갖고 있는 것 자체가 큰 차이를 낼 것입니다.

의식적인 노력이라는 것이 중요하기 때문입니다.

그리고 1,000켤레를 달성하면 즐거운 회식을 하게 된다는 보상에 대한 기대감도 있을 것입니다.

그리고 그렇게 목표를 정하고 결과를 체크하는 과정에서 향후 발전을 위한 계획을 수립하는 데 필요한 자료도 얻을 수 있습니다.

학생들이 공부를 할 때도 마찬가지입니다.

계획표를 가지고 공부할 때 같은 시간에 더 많은 양의 공부를 할 수 있습니다.

여러분들, 공부할 때 보통 이런 일이 많이 일어나지 않습니까?

공부를 좀 하다 지루해지면 핸드폰을 잠깐 봅니다.

잠깐 본 것 같은데 시간이 꽤 갔다는 것을 알게 되고 마음을 가다듬고 다시 책을 봅니다.

잠시 후에 지루해서 거실로 나와 보니 TV가 켜져 있습니다.

잠깐 서서 본 것 같은데 시간이 꽤 가고 주방에서 자신을 쳐다보고 계시는 엄마의 눈이 의식되기 시작합니다.

그럼 또 들어와서 책을 좀 봅니다.

조금 공부하고 있는데 공연히 출출한 것 같습니다.

그럼 주방에 가서 냉장고 한번 열어 봅니다.

열어 봤자 특별한 것도 없습니다.

과일 하나 꺼내서 들고 나와 거실에 앉아 먹으며 잠깐 TV를 켭니다.

또 잠깐 본 것 같은데 시간이 꽤 갔다는 것을 알게 되고 또 공부하러 갑니다.

잠시 후 바깥에서 무슨 소리가 납니다.

공연히 나와 보고 싶습니다.

그래서 나와서 자신과 별로 상관도 없는 일에 간섭하다 시간이 갑니다.

이렇게 하는 것을 어영부영이라고 합니다.

공부를 하는 것도 아니고 안 하는 것도 아닌 상태 말입니다.

공부한다고 오래 앉아 있는 것 같긴 한데 실제로 공부한 양은 매우 적은 상태 말입니다.

그러므로 공부의 양을 늘리는 문제는 이 어영부영과의 싸움이라고 할 수 있지 않겠습니까?

어떻게 이 싸움에서 이길 수 있습니까?

매일매일 공부할 양을 정하여 기록하는 계획표를 갖는 것입니다.

아래와 같은 계획표를 운영해 보십시오.

컴퓨터에 하는 것보다 대학 노트에 직접 자 대고 그려서 해 보시도록 제안합니다.

날짜	공부할 내용	결과
09/21	영어 공책 복습: 300번부터 500번까지 수학 정석: 7장부터 10장까지 연습문제 5개씩 국사: 90면부터 130면까지 한 번 읽어 보고 줄 긋기	○
9/22	할머니께 전화하기, 베란다 화분 갈이 국어 문제집 7과 다 풀기 수학 정석: 7장부터 10장까지 연습문제 5개씩 풀기, 11장 설명과 보기 문제와 기본 문제들 풀기	×
9/23	미술 그리기 숙제 영어: 교과서 7, 8과 단어부터 정리하고 외우기 국사: 21일에 공부했던 부분 다시 읽고 줄 수정하기 수학 정석: 11장 예제문제들 풀기	○

이런 계획표를 꾸준히 운영하면 어떤 유익이 있겠습니까?

그리고 이 계획표를 어떻게 운영해야 합니까?

첫째, 같은 시간이라도 더 많은 양의 공부를 실제로 해낼 수 있습니다.

공부하다가 잠시 식사를 하거나 다른 일을 할 때에도 머릿속에는 오늘 마쳐야 할 공부의 양에 대한 의식이 있기 때문입니다.

그리고 결과 표시란에 ○를 치고 싶은, 즉 자신에게 성취감이라는 보상을 주고 싶은 심리도 작용하기 때문입니다.

둘째, 자신이 단위 시간 내에 어느 정도의 공부를 할 수 있는 사람인지를 파악할 수 있게 되고 향후 계획을 세우는 데 도움이 됩니다.

셋째, 며칠 전에 무엇을 공부했는지를 알게 되어 적절한 때 다시 반복하도록 계획을 세울 수도 있습니다.

넷째, 결과는 반드시 ○ 아니면 × 표시만 해야 합니다. △ 표시는 절대 해서는 안 됩니다.

100% 완전히 달성했으면 ○를 치고 조금이라도 못한 부분이 있으면 ×를 쳐야 합니다.

그래야 ○를 달성하고자 하는 의욕을 점차 키워 갈 수 있습니다.

다섯째, 매일 목표를 정할 때 너무 많은 양의 목표를 세우지 마십시오.

너무 많이 세우고 계속 ×를 내다 보면 흥미를 잃을 수 있습니다.

그날 자신이 달성할 수 있는 양으로 현실적으로 조금 헐겁게 목표를 세우기 바랍니다.

여섯째, 계획표에 기록하는 일은 전날 저녁이나 당일 공부 시작하기 전이어야 합니다.

여러분, 마라톤 2시간 벽을 깬 세계적 마라토너인 케냐의 킵초게 선수 아시지요?

그 선수는 매우 검소하며 절제된 생활을 하는 자기 관리를 잘하는 선수로 알려져 있습니다.

그런데 그가 한 인터뷰에서 매일 하루 전에 내일 할 일을 꼼꼼하게 계획하는 것이 매우 중요하다고 말하였습니다.

저도 경험을 통해 이 선수의 말에 전적으로 동의합니다.

일곱째, 하루도 계획을 세우지 않고 지나가는 일이 없도록 하십시오.

무슨 일이 있거나 하루 좀 쉬고 싶을 때는 목표를 조금만, 예를 들어 단어 10개 복습이라고 적어 놓고 목표를 달성한 다음 기분 좋게 쉬고 계획표에 ○를 치더라도 계획표를 적지 않고 지나가는 날이 없게 하라는 뜻입니다.

요지는 계획표를 항상 쓰면서 공부하는 것을 습관으로 유지해야 한다는 것입니다.

유익한 습관의 위력은 대단합니다.

여덟째, 이 계획표는 여러분이 나태해지려는 마음을 다잡는 데 매우 도움이 된다는 사실을 알게 될 것입니다.

이 계획표는 여러분의 의지력이 약해지려고 할 때 여러분을 붙잡아

주는 정말 훌륭한 친구가 될 것입니다.

많은 학생들이나 시험 준비생들이 슬럼프에 대해 말하는 것을 들을 수 있는데 이 계획표를 계속 짜면서 공부를 하면 여러분은 슬럼프가 무엇인지 모르는 사람이 됩니다.

슬럼프는 계획표를 짜지 않을 때 옵니다.

이 계획표는 마치 가파른 산을 오를 때 짚고 가는 스틱처럼 여러분의 의지력의 부족을 보충해 주는 훌륭한 도구가 될 것입니다.

아홉째, 그리고 이 계획표를 가끔 신뢰할 만한 사람 즉 여러분의 부모님이나 형이나 누나 또는 친구들에게 한 번씩 보여 주십시오.

그러면 이 계획표를 꾸준히 운영해 가는 데 큰 도움이 된다는 것을 알게 될 것입니다.

열째, 여러분이 매일의 목표를 달성하고자 의식적으로 조금씩 노력하는 과정에서 여러분은 단위 시간 내에 점점 더 많은 양의 공부를 할 수 있는 능력 있는 사람으로 발전하게 될 것입니다.

그것은 마치 운동을 꾸준히 하면 근육의 힘이 강해지는 것과 같습니다.

여러분은 공부에서 매우 체력이 강한 사람이 될 수 있을 것이며 얼마 후에는 공부와 관련해서는 무적의 용사가 되어 있을 것입니다.

이렇게 공부의 양을 유지하고 늘리는 문제를 말씀드렸으니 이제 구체적으로 과목별로 말씀을 드리겠습니다.

먼저 가장 중요하고 심각한 문제부터 말씀드리겠습니다.

제Ⅱ부

초중학생 때 수학 선행 학습을 시키면 절대 안 된다

제4장
강남 엄마들이 자녀 교육 망치는 최악의 선택
– 수학 선행 학습

여기서 수학 선행 학습이란 중3 겨울 방학 때 2, 3개월 앞서 고등학교 수학 공부시키는 정도의 예습을 말하는 것이 아니라 진도에 이르기 전, 6개월 이상 전부터 심지어 중학교 때부터 고등학교 수학을 미리 가르치는 일을 말합니다.

수학 선행 학습은 제가 지금까지 입시 지도를 하면서 보아온 모든 일들 중에서 가장 하지 말아야 할 최악의 선택입니다.

수학 선행 학습을 시키는 것이 어느 정도로 해로운 일인지를 비유로 말해 보면, 아이에게 체력을 저하시키는 잘못된 약을 장기간 먹이는 것과 비슷한 일입니다.

정말 생각만 해도 끔찍한 일입니다.

약을 팔고 싶어 하는 사람들의 말을 듣지 마십시오.

초등학생 때 중학교 수학 선행시키고 중학생 때 고등학교 수학 선행 학습을 시키는 일은 절대 해서는 안 됩니다.

돈은 돈대로 낭비하고 학습은 학습대로 다 엉망 되는 최악의 방법입니다.

저는 제 스스로가 입시를 준비하던 어린 시절부터 웬만한 대학의 본고사 수학 문제들은 그냥 한번 보기만 해도 어떻게 풀어야 하는지 길이 훤히 보일 정도로 수학을 잘하는 사람이었습니다.

제가 자랑을 하려고 드리는 말씀이 아니고 제가 수학을 잘 모르면서 말하는 사람이 아니라는 뜻으로 드리는 말씀입니다.

그 후 30여 년 동안 입시 학원을 하면서 일선에서 아이들을 지도하였으며 지금도 저는 수학 문제 푸는 일을 퍼즐 게임 하는 것같이 재미있어 하는 사람입니다.

저는 입시학원을 운영하는 동안에도 수학 선행 학습을 해달라는 학부모들의 부탁을 거절하면서 그렇게 하지 마시라고 꾸준히 말려 왔습니다.

사실 학원 운영의 관점에서는 크게 손해가 되는 일인데도 그렇게 하였습니다.

저는 수학 선행을 시키고 학원비를 받는 일을 양심이 괴로워서 할 수가 없었습니다.

그런 제가 사랑으로 드리는 말씀이니 제발 제 말을 믿으십시오.

이제부터 그 이유를 아주 쉽게 설명하도록 하겠습니다.

먼저 가장 좋은 입시 전략부터 설명하겠습니다.

그럼 왜 수학 선행 학습이 최악의 선택인지를 이해하시게 될 것입니다.

제5장

초중학생 때는 국어와 영어에 올인하라

초중학생 때는 10시간을 공부한다면 9시간 정도는 영어와 국어에 배정을 하십시오.

그렇게 해서 고등학교 올라가기 전에 영어와 국어를 수능 1등급 수준까지 완전히 끌어올리십시오. 그리고 수학은 중3 겨울 방학 때부터 집중적으로 시작하는 것이 가장 좋은 입시 전략입니다.

말하자면 중3 졸업할 때까지는 모든 에너지를 다른 곳에 나누어 배분하지 말고 영어와 국어에 올인하라는 말씀입니다.

영어의 경우에는 먼저 문법을 완전히 숙지한 후 단어, 숙어를 많이 외우며 많은 영어 문제집을 읽고 풀면서 빠르고 정확하게 독해를 하는 훈련을 해야 합니다.

국어의 경우에도 문법을 정확하게 이해하고 책도 많이 읽고 많은 문제를 풀면서 정확하고 빠른 독해를 위한 훈련을 해야 합니다.

그렇게 하면 중3 졸업할 때까지 국어와 영어를 수능 1등급 수준까지 끌어올릴 수 있습니다.

그러면 고등학교에 가서는 여유를 갖고 수학과 암기 과목과 내신 관리에 집중할 수 있습니다.

학습 능력이 중상위권 정도만 되어도 이제부터 제가 말씀드리는 방법대로만 공부하면 얼마든지 그렇게 할 수 있습니다.

훈련의 목표에 대해 왜 '정확하고 빠른 독해'라는 표현을 사용하였는지 과목별 공부하는 방법을 논할 때 다시 설명해 드리겠습니다.

이제 구체적으로 왜 수학 선행을 하면 안 되는지 본격적으로 설명을 해드리겠습니다.

제6장

국어와 영어는 장기간에 걸쳐 실력이 꾸준히 오르는 과목이고 수학은 시험 볼 범위를 단기간에 집중적으로 공부해야 점수가 잘 나오는 과목이다

이 말이 무슨 뜻입니까?

영어라는 과목의 특성은 이러합니다.

영어를 잘하기 위해서는 탄탄한 문법 실력 위에 어휘를 계속 풍부하게 늘려 가면서 많이 읽고 문제를 많이 푸는 훈련을 해야 합니다.

어떤 분들은 문법은 중요하지 않다, 영어는 그냥 노출만 많이 시키면 된다고 말씀하시는데 그 말씀은 옳지 않습니다.

그 점에 대해서는 제8장에서 자세히 말씀드리겠습니다.

그리고 영어 실력은 어휘력이라고 할 수 있을 정도로 풍부한 어휘력은 매우 중요합니다.

영어 공부에 투자하는 시간의 거의 9할 이상이 단어, 숙어를 암기하는 데 들어간다고 해도 과언이 아닙니다.

그러므로 영어 공부에서 문법 실력과 어휘력을 쌓는 과정은 암기 과정이라고 할 수 있고 많이 읽으면서 문제를 푸는 과정은 훈련 과정이라고 할 수 있습니다.

그리고 영어는 중학생 영어와 고등학생 영어와 대학생 영어가 따로 있는 것이 아닙니다.

영어 지문 한 페이지만 읽어도 거기에는 중1 때 외운 쉬운 단어부터 최근에 암기한 난이도가 있는 단어까지 다 함께 섞여 나오고, 문법 내용도 be동사부터 분사 구문, 가정법까지 다 나옵니다.

그런 의미에서 영어와 국어는 전체가 무겁고 거대한 하나의 판으로 움직이는 과목이라고 말씀드릴 수 있습니다.

그리고 수학과 달리 영어는 언어이기 때문에 급격하게 실력이 오르는 과목이 아니라 장기간에 걸쳐 꾸준히 실력이 오르는 그런 과목입니다.

국어도 영어와 비슷합니다.

중학생 국어 독해가 따로 있고, 고등학생 국어 독해가 따로 있는 것이 아닙니다.

정확한 문법과 어휘력, 문학사 등은 암기 과정이고, 많이 읽고 푸는 부분은 훈련 과정이라고 할 수 있습니다.

단지 한국인이기 때문에 어휘력을 쌓는 일에 영어만큼 많은 수고가 들지는 않을 것입니다.

대신 국어는 영어에 비해 훈련 부분의 비중이 높습니다.

그럼 수학은 어떻습니까?

기본 공식이 있게 된 과정을 이해하는 과정이 있습니다.

그리고 이해를 한 후에는 도출된 공식을 암기하는 과정이 있습니다.

그리고 암기된 공식을 여러 경우에 적용해 가면서 문제를 많이 풀어 보는 훈련 과정이 있습니다.

역시 수학에도 암기 부분과 훈련 부분이 있습니다.

그런데 여기서 우리가 기억해야 할 매우 중요한 점은 수학은 영어와는 달리 단원별로 전혀 다른 새로운 내용이 나오는 과목이라는 것입니다.

예를 들어 보겠습니다.

1단원에서 집합을 배우고 2단원에서 함수를 배운다고 가정해 보십시오.

그다음 단원에서는 삼각함수를 배우고, 그다음 단원에서 지수 로그를 배우고, 그다음에 행렬을 배우고, 그다음에 수열을 배우고, 그다음에 미분 적분을 배운다고 가정해 보십시오.

집합에 대한 지식이 함수를 공부하는 데 어떤 도움이 됩니까?

직접적인 관련도 없고 도움도 전혀 되지 않습니다.

1, 2차 함수에 대한 지식이 삼각함수를 배우는 데 도움이 됩니까?

충격적으로 들리실지 모르지만 전혀 도움이 안 됩니다. 서로 관련이 없기 때문입니다.

삼각함수에 대한 지식이 지수 로그를 공부하는 데 도움이 됩니까?

역시 아무 관련도 없고 아무 도움도 안 됩니다.

다시 말해 삼각함수 100점 맞는 학생도 지수 로그는 0점 맞을 수 있습니다.

지수 로그가 무엇인지 뜻도 모르는 학생도 행렬은 따로 공부해서

100점 맞을 수 있고요.

지수 로그, 행렬, 수열의 뜻도 모르는 상태에서도 미분, 적분 얼마든지 할 수 있습니다.

미적분 문제 잘 푼다고 해서 지수, 로그, 수열 문제 잘 푸는 것 절대 아닙니다.

어머니께서 스스로 기억을 더듬어 생각을 해 보십시오.

집합을 몰라도 1차 함수 얼마든지 할 수 있지 않았습니까?

지수, 로그 몰라도 2, 4, 6, 8 나가는 등차수열, 일반항 구하기 얼마든지 할 수 있지 않았습니까?

수열에 대해 전혀 몰라도 미분, 적분 할 수 있지 않았습니까?

미분, 적분은 2차 함수하고는 조금 관련이 있습니다.

그러나 그 관련 부분이 매우 미소하기 때문에 실제로는 별 의미가 없습니다.

그래서 고1 때 잘 풀었던 수학 문제를 고3 때 풀라고 하면 잘 못 푸는 경우가 많습니다.

왜냐하면 개념과 공식을 다 잊어버렸기 때문입니다.

미적분 잘 푼다고 해서 원의 방정식을 잘 푸는 것이 아닙니다.

서로 내용이 전혀 다르고 연관성도 없기 때문입니다.

그러나 영어는 그렇지 않습니다.

중3 때 풀었던 문제는 고1 때 더 잘 풀고 고1 때 잘 풀었던 문제는 고3 때 더 잘 풉니다.

그래서 수학은 선행 학습이 안 된다는 말씀입니다.

이러한 수학의 단원들의 독립성을 예를 들어 한 번 더 설명해 드리겠습니다.

워낙 논쟁적인 제목이라 설명을 좀 길게 하겠습니다.

갈매기를 평생 연구하여 갈매기에 대해서는 오장육부의 구조에서부터 서식, 생태, 습관에 이르기까지 해박한 지식을 가지고 있는 갈매기 박사가 있다고 생각해 보십시오.

그런 갈매기 박사가 닭에 대해서도 잘 알까요?

그렇지 않습니다.

갈매기 박사도 닭에 대해 따로 공부를 안 했으면 닭을 키우는 시골 양계장 아저씨만큼도 닭에 대해 모를 수 있습니다.

닭과 갈매기는 서로 완전히 다른 새이기 때문입니다.

또 닭을 평생 연구하여 닭에 대해 해박한 지식을 가진 닭 박사도 독수리에 대해서는 아무것도 모를 수 있습니다.

물론 닭과 독수리는 조류로서의 기본적인 공통점은 가지고 있지만 그 정도의 공통점은 매우 미소하여 독수리에 대한 지식을 쌓는 데 별 의미가 없습니다.

수학이 이와 같습니다.

각 단원별로 전혀 또는 거의 연관 없는 새로운 내용들이 계속 나옵니다.

그러므로 **중학교 때 수학 선행을 해 놓아도 고등학교 올라갈 때쯤**

되면 다 잊어버리게 됩니다.

수학도 공부하고 잊어버리고 공부하고 잊어버리는 전형적인 악순환에 걸릴 수 있는 과목이라는 말씀입니다.

아니 이 악순환에 아주 취약한 과목입니다.

고등학교 수학 1, 2등급 학생들까지 잘 가르치던 선생님한테 중학생반 수업 맡아 달라고 하면 잘 안 맡으려고 합니다.

중학교 수학은 잊어버린 부분도 많고 숙련도가 떨어져서 다시 책 보고 복습하며 수업을 준비해야 하기 때문에 귀찮다는 것입니다.

수학 선생님들도 이럴 정도인데 중학생 아이들이 고등학교 과정 어설프게 미리 공부해 놓은 내용이 정작 고등학교 올라갈 즈음 되어 얼마나 도움이 되겠습니까?

그러나 영어는 그렇지 않습니다.

영어는 어느 한 페이지만 읽어도 중1 때 공부했던 단어나 문법부터 최근에 공부한 문법과 최근에 외운 단어까지 모두 다 나옵니다.

그런 의미에서 영어는 전체가 무겁고 거대한 한 판으로 움직이는 과목이라는 말씀입니다.

영어는 장기간에 걸쳐 꾸준히 공부해야 실력이 올라가는 과목이고 또 실력이 한번 올라붙으면 쉽게 내려오지도 않는 과목입니다.

수학의 경우에도 계속 과외비 들이고 시간 들이면서 반복하면 좀 덜 잊어버리겠지요.

그런데 그런 비용은 거의 쓸모없는 유지 비용입니다.

지금 당장 필요하지도 않은데 왜 미리 해 놓고 불필요한 유지 비용을 들인다는 말입니까?

집을 건축할 때 나중에 집 다 짓고 나서 입주 직전이 되어야 필요하게 될 커튼을 왜 미리부터 사다 놓고 보관하느라 고생하느냐는 말입니다.

수학 선행을 시키는 일은 단순히 시간과 돈을 낭비하는 문제가 아닙니다.

더 심각한 문제는 그리 하느라 정작 미리 해 두어야 할 국어와 영어를 제대로 못하게 된다는 것입니다.

단어도 제대로 많이 외우지 못한 상태에서 고등학교에 올라가게 될 것이고 그러면 문자 그대로 완전히 망하게 됩니다.

제발 그렇게 하시지 말라는 뜻에서 좀 과하게 표현합니다.

커튼 장사야 지금 팔고 싶어서 사 놓으라고 하겠지만 건물 기초 놓을 자리를 파고 있는 시점에서 왜 미리 커튼을 사 놓아야 합니까?

수학은 다시 말씀드리자면 지난 단원 0점 맞았어도, 즉 지난 단원에 대해 아무것도 몰라도 이번 단원 열심히 공부하면 이번 단원은 100점 맞을 수 있는 과목입니다.

그러니까 초등학교, 중학교 때 수학 선행시키지 말고 수학은 고등학교 올라가기 딱 2, 3개월 전부터 하는 것이 가장 좋다는 말씀입니다.

초등학교, 중학교 때는 모든 공부의 에너지를 영어와 국어에 올인하여 중학교 졸업할 때쯤에 국어와 영어를 수능 1등급 수준으로 끌어올릴 수 있게 가르치라는 뜻입니다.

그렇게 하여 나중에 고등학교에 가서 수학을 집중적으로 할 시간을 벌어 놓으라는 말입니다.

즉, 수학을 하지 말라는 뜻이 아니라 영어, 국어 다 해놓고 시간을 벌어 놓았다가 나중에 필요하게 되었을 때 집중적으로 하라는 말씀입니다.

물론 국어와 영어를 수능 1등급 수준으로 올려놓고도 시간이 남는다면 수학 선행을 시켜도 되겠지만 굳이 그렇게 안 해도 될 것입니다.

중3 졸업할 때쯤에 국어와 영어를 수능 1등급 수준으로 끝내 놓으면, 원하는 대학 어디든 다 갈 수 있으니 국어와 영어를 끝낸 다음에는 그냥 엄마 아빠랑 운동이나 하는 것도 좋을 듯합니다.

그러나 국어, 영어를 수능 1등급까지 끌어올려 놓고도 시간이 남는다면 그때는 수학 선행 학습을 시키시든지 뭐 알아서 하십시오.

그러나 일단 영어와 국어를 수능 1등급 수준으로 끌어올려 놓고 다른 것을 하셔야 한다는 점만 기억하시기 바랍니다.

제7장

수학 선행 학습을 시킨 학생과 국어와 영어에 올인한 학생의 차이

두 가지 경우를 예를 들어 보겠습니다.

영학이라는 아이는 초등학생 때부터 중3 졸업할 때까지 모든 공부의 에너지를 국어와 영어에 올인했습니다.

그래서 중3 졸업할 때쯤이 되자 영학이의 국어와 영어 실력은 수능 1등급 수준이 되었습니다.

이렇게 국어와 영어를 다 끝내 놓고 중학교 3학년 11월쯤부터 고등학교 중간고사 볼 수학 범위를 슬슬 여유 있게 시작했습니다.

국어, 영어를 다 해놓았기 때문에 시간 여유가 많아서 수학을 집중적으로 할 수 있었습니다.

고등학교 1학년 중간고사를 보았는데 국어와 영어는 당연히 1등급 나오고, 수학도 중학교 3학년 11월부터 시험 범위를 집중적으로 공부했기 때문에 수월하게 1등급이 나왔습니다.

모의고사를 보아도 국어, 영어는 1등급으로 맡아 놓았고 이제 단원별로 수학을 집중적으로 할 시간이 많으니 수학에서도 계속 1등급을 냅니다.

그런데 반 친구 수혁이라는 아이는 초등학생 때부터 엄마가 수학 선행을 시켰습니다.

그러면서 수혁이 엄마는 학부모 모임에 가면 아들이 중1 때부터 고등학교 수학 선행을 하고 있다고 은근히 자랑을 하기도 하였습니다.

그런데 영학이 엄마는 전혀 다르게 생각하고 있었습니다.

그러다 보니 수혁이는 국어, 영어가 제대로 안 된 상태에서 고등학생이 되었습니다.

그런데 국어와 영어가 시간이 좀 많이 드는 과목입니까?

시험이 다가오는데 갑자기 어떻게 국어, 영어 실력을 끌어올릴 수 있습니까?

그제야 영어 단어를 외우고 있으니 될 일입니까?

그렇다고 오래전에 어설프게 공부해 놓은 수학이 무슨 도움이 되겠습니까?

다 잊어버려서 다시 해야 할 상황에 놓이게 된 것입니다.

수학은 단원별로 내용이 다르기 때문에 미리 해 놓아 봐야 다 잊어버리는 과목입니다.

수학은 과목의 특성상 선행을 할 수가 없는 과목입니다.

수혁이는 당황하게 되고 국어, 영어 공부하느라 수학도 제대로 못한 채로 시험을 보게 되면서 국어 2등급, 영어 3등급, 수학 2등급밖에 못 받게 됩니다.

다시 말씀드리겠습니다.

영어는 장기간의 투자를 통해서 점수가 서서히 올라가는 과목이고 수학은 단기간에 시험 볼 범위를 집중적으로 해야 문제 유형에 숙달이 돼서 점수가 잘 나오는 과목입니다.

이것은 단순한 예에 불과한 것이 아닙니다.

제가 입시 지도하면서 수없이 관찰한 실제 사례입니다.

그리고 이것은 단순히 고등학교 1학년 1학기 중간고사 때만의 문제가 아닙니다.

이미 벌어진 영학이와 수혁이의 간격은 수능 때까지 좁혀지지 않습니다.

수혁이가 실패한 이유가 무엇입니까?

국어, 영어 선행 안 시키고 수학을 선행시킨 것이 잘못입니다.

일의 순서를 거꾸로 잡아서 일어난 일입니다.

영어와 수학 중에 공부의 양이 어느 과목이 더 많다고 생각하십니까?

혹시 알고 계셨습니까?

영어가 수학의 3배 정도 공부 양이 많은 과목입니다.

국어도 수학보다 공부의 양이 조금 더 많은 과목이고요.

영어를 15톤 대형 덤프트럭에 비한다면 국어는 5톤 화물차 정도이고 수학은 보통 타는 승용차 정도에 비할 수 있습니다.

그리고 국어와 영어는 단기간에 실력을 향상시킬 수 있는 과목이 아니라 오랜 시간에 걸친 훈련을 통해 서서히 실력을 올릴 수 있는 언어 과목입니다.

반면에 수학은 단원별로 시험에 임박하여 집중적으로 시간을 투자해야 점수가 잘 나오는 과목입니다.

다시 말씀드리겠습니다.

초등학교, 중학교 때는 수학이라는 승용차는 너무 많이 끌고 다니려고 애쓰지 말고 그냥 학교 교과 과정 정도에만 맞춰 2, 3개월 전에 예습하는 정도면 충분하다는 말씀입니다.

그리고 모든 에너지를 영어라는 15톤 덤프트럭과 국어라는 5톤 화물차를 1등급 피니시 라인까지 끌어다 놓는 데 쓰시라는 것입니다.

그리고 수학이라는 승용차는 고등학교 올라가기 3개월 전부터 끌어야 합니다.

국어와 영어는 미리 피니시 라인에 갖다 놓아도 되는 과목이지만 수학은 단원별로 이리저리 끌고 다니며 그때그때 점수를 얻어야 하는 과목이기 때문입니다.

수학은 절대 선행을 해 놓을 수 없는 과목입니다.

수학은 선행이 아니라 공부한 내용을 잊어버리지 않도록 유기적으로 복습을 잘하는 것이 중요한 과목입니다.

수학 선행 학습을 하는 것은 일을 완전히 거꾸로 하는 것입니다.

수학을 체계적으로 복습하는 방법에 대해서는 제27장과 제30장에서 자세히 말씀드리겠습니다.

그러면 어떤 부모님들은 “어떤 선생님들은 어렸을 때부터 수학적 사고력과 창의력을 키워야 한다고 그래서 수학 선행을 해야 한다고 말씀하시던데요.” 하고 말씀하실 것입니다.

전혀 그렇지 않습니다.

국어와 영어를 비롯하여 모든 과목을 열심히 공부하는 과정에서 사고력과 창의력은 잘 발전합니다.

그리고 입시 수학을 창의력이라는 관점으로 보아서는 안됩니다.

무슨 위대한 수학자가 하듯이 새로운 수학 개념을 창조할 일이 있습니까?

제 말을 믿으십시오.

그냥 이론으로 지어 말하는 그런 사람들의 말을 듣지 마십시오.

입시 수학은 숙달의 개념으로 이해해야 합니다.

이런 문제는 이 공식을 적용하여 이런 방향으로 풀어야 한다는 것을 빨리 찾아내는 숙달의 개념 말입니다.

이것을 이해하기 쉽게 비유를 들어 설명해 보겠습니다.

수학 문제를 푸는 것은 잠긴 자물통을 푸는 일에 비유할 수 있습니다.

수능의 경우에는 책상 위에 30개의 잠긴 자물통들을 올려놓고, 푸는 데 필요한 기본 응용 키들과 연장들을 준비해 놓고, ‘준비, 땅’ 해서 100분 내에 이 자물통을 다 풀어야 하는 도전에 응하는 상황과 비슷합니다.

그럼 학생들은 정신없이 자물통들을 들고 흔들어 보기도 하고, 키를 넣어 이리저리 돌려 보기도 하고, 이 키가 아닌 것 같으면 또 다른 키를 넣어보기도 하면서 빨리빨리 정해진 시간 내에 잠긴 자물통을 다 풀기 위해 노력할 것입니다.

또 풀다가 잘 안 풀리는 자물통은 얼른 내려놓고 풀릴 것 같은 다른 자물통을 집어 들기도 합니다.

어떤 자물통은 보는 순간 '아하 이런 자물통은 내가 이전에 풀어 본 적이 있지' 하며 회심의 미소를 짓기도 합니다.

자 그럼 이제 질문을 하나 드려 보겠습니다.

이런 상황에서 학생들에게 필요한 것은 무엇이라고 생각하십니까?

어떤 유형의 자물통을 그 전에 어떤 방식으로 풀어 본 적이 있다는 숙달의 개념이 아니겠습니까?

이제 비유를 하나 더 들어 보겠습니다.

저녁 6시에 지인들 몇 분을 저녁 식사를 위해 집으로 초대했다고 생각해 보십시오.

그리고 주 메뉴를 매운탕으로 정하였으며 김치도 새로 담가 내놓을 계획을 세웠습니다.

물론 밑반찬도 몇 가지 준비해야겠지요.

그럼 오전에는 무엇을 하고 오후에는 무엇을 해야 할까요?

모든 일에는 순서가 있으니까요.

당연히 김치는 오전에 담그고, 김치 담근 후에는 밑반찬 몇 개 준비하시고 매운탕은 점심 드시고 좀 쉬셨다가 재료 다듬고 해서 5시 30

분부터 끓여야 하지 않겠습니까?

그래야 6시에 손님들이 올 때 바로 바글바글 맛있게 끓은 매운탕을 내놓을 수 있지 않겠습니까?

그런데 일을 거꾸로 했다고 한번 생각해 보십시오.

아침부터 매운탕에 들어갈 재료를 손질해서 오전에 매운탕을 끓여 놓고 오후부터 밑반찬 준비하고 그다음 김치를 담그기로 했다고 생각해 보십시오.

아침에 끓여 놓은 매운탕은 식은 다음 다시 끓이게 되니, 야채는 물러 터져 맛도 없어지고 김치는 오후부터 담근다고 벌여 놓았는데 손님들 올 시간 다 되어 갈 때까지 안 끝나서 정신이 없어질 것입니다.

그렇게 일을 거꾸로 하시면 안 된다는 말입니다.

꼭 제 말 믿으셔야 한다고 또 한 번 말씀드립니다.

이 비유에서 영어는 김치고 국어는 밑반찬이고 매운탕은 수학입니다.

수학 선행 학습을 해야 한다고 주장하는 사람이 있다면 둘 중 하나입니다.

국어, 영어, 수학의 특성에 대해 잘 모르고, 그저 '미리부터 공부하면 좋지 않겠는가' 하고 막연히 생각하는 분이거나, 아니면 알고 있으면서 어떤 다른 동기를 가지고 그렇게 말하거나 둘 중 하나입니다.

"백 선생님 생각은 그렇구나." 이렇게 생각하시면 절대 안 됩니다.

그러면 어머니의 자녀는 제가 위에서 예를 든 제2의 수혁이가 되는 것입니다.

이제 가장 중요한 문제를 논하였으니 구체적으로 각 과목별로 공부하는 방법을 설명하겠습니다. 먼저 영어 공부하는 방법부터 설명하겠습니다.

제Ⅲ부

영어 공부하는 방법

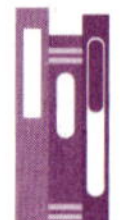

제8장
영어는 처음부터 문법 실력을 탄탄하게 하고 시작해야 한다

영어를 잘하기 위해서는 처음부터 문법 실력을 탄탄히 다져야 합니다.

어떤 사람들은 문법은 중요하지 않다, 그저 많이 듣고 읽게 하며 노출만 많이 시키면 된다고 생각합니다.

절대 그렇지 않습니다.

단어를 붙이면 문장이 되고 문장을 연결하면 글이 됩니다.

그리고 문법은 단어를 정확하게 붙여 문장을 만드는 방법입니다.

그런데 어떻게 문법이 중요하지 않다고 말할 수 있습니까?

그럼 왜 토익, 텝스를 비롯한 모든 영어 시험에 문법 문제가 그렇게 많이 나올까요?

5층짜리 건물 10개 지어 본 적이 있다고 해서 50층짜리 건물을 지을 수 있는 것이 아닙니다.

5층짜리 건물과 50층짜리 건물은 기초와 뼈대부터가 차원이 다릅니다.

어렸을 때부터 문장 구조도 이해시켜 가며 체계적으로 잘 가르쳐야 합니다.

그렇지 않으면 대사를 그르치게 됩니다.

문법 실력은 순수한 문법 문제를 몇 개 풀어 맞히는 것 이상을 의미합니다.

문법은 문장 구조에 대한 이해이기 때문에 문법 실력이 없으면 잘못된 영어를 구사하게 될 뿐만 아니라 시험 영어에서 절대적으로 중요한 독해의 정확성과 속도가 많이 떨어질 수밖에 없습니다.

그래서 영어 실력은 문장 구조에 대한 정확한 이해 플러스 풍부한 어휘력이라고 정의 내릴 수 있습니다

이제 어떻게 영어를 공부해야 하는지를 본격적으로 설명을 드리겠습니다.

제9장

영어 교재들 공부하는 방법

모든 공부는 처음부터 지금 공부하고 있는 내용을 잊지 않고 내 것으로 하기 위해 어떤 적절한 복습 프로그램을 운영할 것인지에 대한 명확한 플랜을 가지고 시작해야 합니다.

무조건 진도만 나간다고 될 일이 아닙니다.

영어는 암기 과목입니다.

영어는 공부하는 방법에 따라 효과가 5배 이상 차이가 나는 과목입니다.

수학은 어려운 것 같아도 공부 과정이 협곡을 따라가는 것 같아 길을 잃고 헤맬 일은 없습니다.

아무 책이든 여러 번 반복하면 되는 것입니다.

이 책에 있는 문제나 저 책에 있는 문제나 개념이나 원리가 같기 때문에 이 책에 있는 수학 문제들을 다 풀 수 있으면 다른 책에 있는 수학 문제들도 거의 다 풀 수 있습니다.

그러나 영어는 공부하는 과정이 넓은 광야를 여행하는 것과 같습니다.

방법이 잘못되면 길을 잃고 헤매다 지쳐 쓰러지는 것과 같은 일이 나타날 수 있습니다.

암기를 하기 위해서는 적절한 시간 간격을 두고 암기해야 할 내용을 반복해야 합니다.

그런데 학생들이 자신들이 공부한 많은 영어 교재들을 적절히 반복하기는 거의 불가능합니다.

왜 그럴까요?

현실적으로 상황이 이러하기 때문입니다.

보통 고등학교 1학년이 되면 교과서를 설명하는 참고서를 하나씩 마련하게 됩니다.

학교에서 선생님이 보충 교재를 하나 선정해 주기도 합니다.

그럼 교재가 두 권이 되겠지요?

그런데 엄마가 또 학원을 가라고 해서 학원을 가니 또 학원 교재가 두 권이 더 생겼습니다.

선생님이 외우라고 만들어 주신 프린트물도 꽤 됩니다.

그러다 학년 올라가면 교재의 가짓수는 곱하기 2가 되는 것입니다.

상황이 이러하니 문제가 생기는 것입니다.

책의 가짓수가 많아 모든 책들을 반복하기가 현실적으로 어려울 뿐만 아니라 또 그곳에는 반복할 필요도 없는 많은 내용이 섞여 있기 때문입니다.

좀 더 정확하게 말한다면 교재가 많은 것이 문제가 아니라 한 번 공부한 교재들을 어떻게 효과적으로 복습하여 잊어버리지 않고 내 것으로 만들 것인지에 대한 명확한 방법론이 없이 공부를 하는 것이 문제

입니다.

이 문제를 해결하지 못하고 그냥 진도만 나가면 공부하고 잊어버리고 공부하고 잊어버리는 일만 계속 반복하게 됩니다.

제가 부잣집 자녀들을 개인 지도를 해 본 적도 있습니다.

가서 이전 선생님과 무슨 책을 어디까지 했느냐고 질문합니다.

EBS 수능 교재로 했고 160페이지까지 했다고 앞으로 계속 진도 나가면 된다고 합니다.

그래서 책을 살펴보니 군데군데 형광펜으로 색칠도 되어 있고 여백에 단어 숙어, 파생어가 예쁘게 적혀 있기도 합니다.

그럼 제가 질문합니다.

'그럼 진도는 앞으로 나가면 된다고 치고 이미 공부한 160페이지까지의 내용은 어떻게 해?

이전 선생님이 말해 주신 것 없어?'

그러면 아이는 특별히 들은 이야기가 없다는 표정을 짓습니다.

그리고 지금까지 공부한 영어 교재 좀 보여 달라고 하니 이것저것 책상 위에 수북이 올려놓습니다.

'그럼 이전에 공부한 이 책들은 어떻게 해? 다 기억할 수 있어?

이것도 잊어버리고 있는데 또 진도만 나가면 어떻게 해?'

요점을 이해하실 수 있겠습니까?

이러니 아이는 아이대로 지치고 성적은 성적대로 안 올라가는 것입니다.

그리고 영어책을 공부하면서 형광펜으로 긋고 여백에 어휘를 적고 하는 것은 영어 공부를 잘하는 방법이 결코 아닙니다.

대부분의 학생들이 영어를 그런 방식으로 공부하기 때문에 영어를 못하는 것입니다.

영어는 열심히 설명을 잘하는 선생님을 만난다고 실력이 올라가는 과목이 아닙니다.

열심히 설명을 잘하는 선생님을 못 만나 실력이 안 올라간 것이 아니고 열심히 설명만 잘하며 진도만 나간 선생님들을 만났기 때문에 실력이 안 올라간 것입니다.

열심히 설명만 잘하면 뭐 합니까? 외워지지가 않는데요.

초등학생 때부터 고3 졸업할 때까지 영어 학원비나 과외비로 들인 돈이 수천만 원 될 것입니다.

그런데 공부하고 잊어버리고 공부하고 잊어버리는 일만 반복한 것입니다.

모든 공부에는 지금 공부하고 있는 내용을 잊지 않고 내 것으로 하기 위해 어떤 적절한 복습 프로그램을 운영할 것인지에 대한 명확한 안목이 있어야 합니다.

무조건 진도만 나간다고 될 일이 아니라는 말씀입니다.

이제 제가 영어를 공부하는 효과가 검증된 좋은 방법을 알려 드리겠습니다.

이제 제 말씀을 들으시면 머릿속부터 개운해질 것입니다.

영어 교재와 함께 두꺼운 대학 노트 한 권과 2색 볼펜을 준비하십시오. 그리고 다음 단계를 따르십시오.

1단계: 먼저 시험 볼 때처럼 시간을 정해 놓고 문제를 풀어 보십시오. 시험 볼 때처럼 시간 안에 문제를 푸는 연습을 많이 해야 합니다.

2단계: 답지를 보면서 꼼꼼히 채점을 해 가며 관련된 어휘와 표현, 문법들을 분석해 보십시오.

3단계: 그리고 지금 공부한 내용 중 문법이 되었든 어휘가 되었든 어떤 표현이 되었든 암기할 필요가 있다고 느껴지는 내용을 선택하여 복습하기 좋은 방법으로 노트에 2색 볼펜을 사용하여 예쁘게 정리해 가십시오.

2색 볼펜을 쓰는 이유는 나중에 복습할 때 빨리빨리 눈에 잘 들어오게 하기 위함입니다.

그리고 이때 매번 반드시 번호를 붙여 가며 정리해 가십시오. 그래야 나중에 관리하기가 용이합니다. 이때 번호와 번호 사이에는 반드시 두 줄을 띄우십시오.

그 이유는 나중에 복습할 때 시야를 시원하게 하여 복잡해 보이거나 답답하게 느껴지지 않게 하기 위함입니다.

줄을 띄우지 않고 다닥다닥 적어 놓으면 나중에 보기에 싫증이 날 수 있습니다.

꼭 제 말씀대로 하십시오. 한 줄도 아니고 세 줄도 아니고 꼭 두 줄을 띄우고 다음 번호를 붙이십시오.

혹시 학교에서 시험 보는 교재를 공부한다면 그 내용의 번호에는 동그라미 표시를 하십시오. 즉 내신용은 따로 표시해 두라는 것입니다.

4단계: 그리고 꾸준히 이 노트를 복습하는 것입니다.

학교 시험이 임박해지면 동그라미 친 내신용부터 먼저 여러 번 복습하면 될 것입니다.

이렇게 공부를 하면 여러 교재를 공부해 가면서 노트의 번호도 비례하여 누적으로 올라갈 것입니다.

공부한 책들은 버려도 좋습니다. 노트만 복습해 가면 되기 때문입니다.

노트에 추가하고 복습하고, 추가하고 복습해 가는 효율적인 시스템이 형성될 것이며 무엇을 복습할 것인지가 명료해져서 머리가 개운해지는 것을 느낄 것입니다.

그리고 잘 썼든, 못 썼든 내 손으로 필기한 공책이라 인쇄된 어떤 책을 보는 것보다 훨씬 더 친근하게 느껴지고 복습 속도가 더 빠르다는 것을 알게 될 것입니다.

번호가 높아지면서 노트는 책이 되어 갈 것입니다

많은 교재들을 공부해 가면서 복습할 책은 내가 지어 나간다는 매우 훌륭한 개념이 형성되는 것입니다.

1차 공부할 책과 2차 복습할 책이 있는데 2차 복습할 책(=두꺼워지는 노트)은 내가 짓는다는 의미입니다.

노트에 적는 시간도 낭비하는 것이 아닙니다.

어차피 영어는 암기 과목이므로 한 번쯤 깨끗하게 적어 보는 것은 암기에도 도움이 되기 때문입니다.

제 경험으로 약 2,000번 정도 번호가 올라가면 수능으로는 1, 2등급 정도가 움직입니다.

토익으로는 100점 정도 올라갑니다.

꼭 이렇게 공부해 보십시오.

여러분은 광야를 걷는 것과 같은 영어 공부 과정에서 결코 길을 잃지 않고 직선 코스로 달리게 될 것입니다.

여러분이 제가 지은 문법책들과 연상법 어휘집들을 사용하고, 제가 알려드린 방법대로만 노트 정리하면서 공부한다면 여러분은 엄청난 시간과 노력을 절약하게 될 것이며 여러분이 한 시간 공부할 때 다른 사람은 5시간을 공부해도 여러분을 따라오기 힘들 만큼 빠른 속도로 앞서 나가게 될 것이라고 자신 있게 말씀드릴 수 있습니다.

제10장

영어 듣기 – 동화 듣기를 많이 하라

영어 듣기에는 정기적으로 노출시키는 방법 외에는 특별한 방법이 따로 있지 않습니다.

결국에는 듣기 시험 문제들을 많이 풀어 보아야 하지만 기본적으로 동화 듣기를 많이 하도록 추천합니다.

이유는 간단합니다.

지루하지 않고 실제 상황과 관련하여 나중에 실제 분위기에 맞게 영어를 구사하는 데 도움이 되기 때문입니다.

동화 듣기, 소설 듣기, 뉴스 듣기로 듣기 실력을 꾸준히 향상시킨 다음 문제 풀이 형태로 연습을 많이 해 보면 될 것입니다.

제11장
영어 말하기의 제왕 – 통문장 암기

영어를 듣는 것은 어렵지만 말하기는 그다지 어렵지 않습니다.

듣기는 무슨 표현을 사용할지 어떤 단어를 사용할지 내가 결정할 수 없지만 말하기는 말하고 싶은 표현과 단어를 내가 결정할 수 있기 때문입니다.

영어 단어 암기의 제왕은 연상법이며 말하기의 제왕은 통문장 암기입니다.

말하기를 위해 이렇게 공부해 보십시오.

공부를 해 가시면서 노트를 하나 따로 마련하여 번호를 붙여 가며 암기하고 싶다고 느껴지는 문장들을 정리하십시오.

왼쪽 페이지에는 영어 문장을 적고 오른쪽 페이지에는 해석을 적어 놓으십시오.

그리고 꾸준히 외우시면서 스스로 테스트를 해 보십시오.

오른쪽 해석만 보고 왼쪽 문장을 유창하게 말할 수 있는지 연습해 보십시오.

그렇게 약 1,000개의 문장을 말할 수 있도록 외워 보십시오.

그다지 어렵지 않습니다.

약 1,000개의 문장만 정리하여 외워도 단어를 바꿔가며 매우 다양한 표현들을 유창하고 정확하게 말할 수 있게 될 것입니다.

그리고 매우 세련되고 품격 있는 문장 구조로 말하는 자신을 발견하게 될 것입니다.

이제 다음 장에서는 암기 과목 공부하는 법을 설명하겠습니다.

제IV부

암기 과목 공부하는 방법

제12장

암기 과목 공부의 구조적인 어려움은 무엇인가?

암기 과목 공부를 잘하기 위해서는 앞으로 진도를 나가다 보면 처음에 공부한 내용이 가물가물해지는 문제를 해결하여 시험 범위 전체에 대한 기억의 최대치를 유지하며 시험장에 들어가는 방법을 찾아야 합니다.

암기 과목 공부의 어려움은 어떤 내용을 암기해 두면 그 내용이 쌓아 놓은 벽돌처럼 시험 때까지 그대로 기억 속에 남아 있는 것이 아니라 망각 속으로 계속 떠내려간다는 것입니다.

5장쯤 진도 나가면 1장에서 공부했던 내용이 가물가물해지고 6장을 공부하면 2장에서 공부했던 내용이 가물가물해지지 않습니까?

20장쯤 진도가 나가면 아예 첫 부분에서 공부한 내용은 거의 다 잊어버리게 됩니다.

예를 들어 11월 15일에 수능 시험을 본다고 해 봅시다.

필수인 한국사 한 과목에 탐구 2과목 해서 세 과목을 준비한다고 가정해 보겠습니다.

아주 부지런히 공부해도 이 책들 한 번만 읽어보려 해도 몇 개월은 걸릴 것입니다.

4개월 걸려 한 번을 읽어 보았다고 가정해 보겠습니다.

최근에 본 내용이라면 몰라도 서너 달 전에 한 번 본 내용을 어떻게 기억해서 시험장에 들어가 문제를 풀고 나온단 말입니까?

이를 어찌해야 합니까? 다음 장에서 설명하겠습니다.

제13장

암기 과목은 과목별로 주 교재 한 권씩을 잘 선정하라

처음에 과목별로 교과서이든 자습서이든 고등학교 1학년 중간고사 때부터 그리고 해당된다면 고3 수능 때까지 계속해서 볼 기본 교재를 한 권씩 잘 선택하는 것이 매우 중요합니다.

중간에 교재를 바꿀 수 없으며 중간고사나 기말고사 또는 모의고사 때 그리고 해당이 된다면 고3 수능 때에 다시 복습해야 하기 때문입니다.

기본 교재를 선택하는 일은 가장 중요한 과정들 중의 하나이니 심사숙고하여 잘 선택하시기 바랍니다.

필요하면 문제집도 하나 마련할 수 있을 것입니다.

이때 설명이 잘되어 있는 교재를 선택하십시오.

요점 정리 식으로 되어 있는 교재는 가급적 피하십시오.

아니 절대 안 된다고 말씀드리는 것이 낫겠습니다.

혼자 읽어도 무슨 말인지 이해가 될 정도로 설명이 잘되어 있는 교재를 선택하십시오.

부피가 좀 있더라도 그런 교재가 더 좋습니다.

그리고 나중에는 그런 책이 복습할 때 속도가 더 빠릅니다.

교재 선택과 관련하여 나중에 시험에 임박해서 요점 정리만 되어 있는 교재를 하나 더 구입해야겠다는 생각은 아예 하지 마십시오.

그건 절대 해서는 안 되는 일입니다.

그렇게 하는 것은 마지막 구간에서 점수를 깎아 먹는 아주 흔한 방법 중의 하나입니다.

이 점에 대해서는 나중에 제33장에서 다시 말씀드리겠습니다.

이제 기본 교재가 선택되었다면 어떤 방법으로 공부하기 시작해야 합니까?

다음 장에서 설명해 드리겠습니다.

제14장
암기 과목 공부의 구조적인 문제점을 해결하는 방법

암기 과목은 시험에 임박해서 빨리 다시 보면 좋겠다고 생각되는 단어나 어구나 문장에 자 대고 연필로 줄을 치면서 공부하십시오.

중요하다고 생각되는 내용에 줄을 치라고 절대 말하지 않았습니다.

중요하다고 생각되는 내용이 아니라 시험에 임박하여 즉 중간고사라면 시험 보기 3, 4일 전에 빨리 다시 보면 좋겠다고 생각되는 단어나 어구나 문장에 자를 대고 연필로 줄을 치라고 말하였습니다.

연필로 줄을 치라고 한 이유는 나중에 수정할 수 있게 하기 위해서입니다.

자를 대고 치라고 한 이유는 시각적으로 보기에 깔끔하고 반듯해 보이는 것이 나중에 복습할 때 심리적으로 더 좋기 때문입니다.

예를 들어 3월 2일에 개학을 했고 4월 20일이 중간고사 보는 날이라고 가정해 보겠습니다.

3월 초부터 1단원에 있는 모든 내용을 외우려고 시도하지 마십시오.

3월 초부터 외운다고 해도 4월 20일까지 기억을 계속 유지하기 어렵습니다.

한 과목이 아니라 여러 과목이기 때문에 더욱 그렇지 않겠습니까?

처음에는 세부적인 암기 사항에 치중하지 말고 주요 개념 파악에 집중하면서 위 기준에 맞추어 그냥 줄만 치고 넘어가십시오.

그러다가 1단원을 다시 읽게 되면 역시 제가 말씀드린 기준에 맞춰 줄을 수정하기도 하십시오.

'아 이런 내용은 지금 거의 파악이 됐으니 굳이 시험에 임박해서 시간에 쫓기게 되면 다시 안 봐도 되겠다'라고 생각되는 내용에서는 줄을 삭제하십시오.

그러나 '아! 이 부분은 줄을 쳐야 되는데 빠뜨렸네' 이런 생각이 드는 부분도 있을 것입니다.

그런 부분은 새로 줄을 치십시오.

그리고 어떤 페이지는 줄을 치기가 조금 애매하다고 느껴지는 페이지도 있습니다.

역사 과목 같은 곳에서 그런 일이 있을 수 있습니다.

그럼 책의 여백에 '이렇게만 적어 놓고 시험에 임박해서 이것만 여러 번 보면 되겠구나' 하고 생각되는 내용을 메모식으로 깨끗하게 역시 연필로 적어 놓으십시오.

그다음에 줄 친 부분이나 여백에 간단히 정리한 내용은 처음부터 외우지 마십시오.

줄 친 부분은 시험 며칠 전에 빨리 여러 번 보면서 외우면 되기 때문입니다.

오히려 초반부에는 줄을 안 친 부분에 더 신경을 쓰십시오.

즉, 처음부터 외워야 할 내용과 나중에 시험에 임박해서 외울 내용을

구분해 놓으라는 것입니다.

이렇게 하다 보면 굵직한 주개념은 처음에 외우게 되고 지금 암기해도 곧 잊어버릴 것 같은 세부적인 내용에는 줄이 쳐질 것입니다.

제 말씀대로 실제로 해 보면 다 이해하게 될 것입니다.

문제를 풀 때는 절대 답을 문제지에 직접 적지 마십시오.

옆에 종이를 한 장 따로 놓고 그 종이에 답을 적은 다음 거기에 채점을 하고 문제집은 나중에 다시 풀어 볼 수 있도록 깨끗하게 남겨 두십시오.

나중에 기말고사나 모의고사 볼 때 그리고 고3 수능 준비할 때 다시 풀어 볼 수도 있기 때문입니다.

물론 돈을 절약하자는 말도 아니고 문제집을 하나만 반복해서 푸는 것이 좋다는 말은 아닙니다.

기본 교재는 한 권만 봐야 하지만 문제집은 몇 권 더 풀어도 좋습니다.

특히 중간고사나 기말고사 때 1회성으로 끝나는 과목이 아니고 수능 선택 과목으로 염두에 두고 있는 과목이라면 문제집을 한두 개 더 풀어도 좋을 것입니다.

그러나 하여튼 문제집을 풀 때는 제가 말한 대로 직접 답을 문제집에 체크하면서 풀지 말고 옆에 종이 한 장 두고 거기에 적으면서 푸십시오.

그 이유는 잠시 후에 알게 될 것입니다.

물론 나중에 설명하겠지만 수학은 예외입니다.

수학은 여러 권 보면 절대 안 됩니다.

그 이유는 나중에 제27장에서 설명해 드리겠습니다.

수학은 계속 반복하여 완전히 숙지할 한 권의 책을 선정해서 수능 때까지 계속 반복해서 보는 것이 좋습니다.

수학은 이 교재에 있는 문제들을 다 풀 수 있으면 다른 교재에 있는 문제도 거의 다 풀 수 있는 과목이기 때문입니다.

저는 《수학의 정석》을 추천합니다.

고1 때부터 수능까지 《수학의 정석》 한 권만 보면 매우 좋습니다.

그러나 일단 지금은 암기 과목의 문제집 사용하는 법에 대한 말씀부터 드리겠습니다.

채점 후에 문제를 찬찬히 분석하다 보면 **'이런 문제는 시험에 임박하여 다시 풀면 좋겠다'라고 느껴지는 문제들이 있을 것입니다. 그런 문제들을 골라 번호에 동그라미를 쳐 두십시오.**

그렇게 기본 교재는 줄을 잘 치고 문제집들은 문제들의 번호에 동그라미 치면서 공부를 하는 것입니다.

그러다가 4월 17일 중간고사 3일 전이되었다고 생각해 보십시오.

그러면 그때 기본 교재를 꺼내어 3월 초부터 진도 나가면서 줄을 친 부분과 여백에 간결하게 적어 놓은 내용을 빠르게 여러 번 읽는 것입니다.

즉, 줄을 친 부분은 시험에 임박하여 외우는 것입니다.

공부를 해 본 경험으로, 줄 친 부분만 찾아 읽으면 금방 다 읽을 수 있다는 것 아시지 않습니까?

왜냐하면 교재에 친숙해져 있어 대략 어디에 무슨 내용이 있는지 그리고 무엇만 더 암기하면 되는지 거의 다 알고 있기 때문입니다.

줄 친 부분만 읽는다면 중간고사 범위 정도는 약 30분 정도면 한 번 다 읽어 볼 수 있을 것입니다.

시험 3일 전쯤부터 외우기 시작해도 줄을 친 부분만 읽으면 전체 범위를 7, 8번 읽을 수 있을 것입니다.

그럼 아무리 세부적인 내용이라도 거의 다 외워집니다.

그리고 문제집을 펴서 동그라미 친 문제부터 먼저 모두 다시 풀어 보십시오.

이렇게 시험에 임박해서 줄 친 부분 다 외우고 동그라미 친 문제 다 풀었는데도 시간이 남으면 줄 안 친 부분도 여유를 갖고 한 번 더 읽어 볼 수 있고 문제집 하나 더 풀 수도 있을 것입니다.

그러면 그 책의 범위에서 나오는 한 모든 문제를 다 풀어 맞힐 수 있습니다.

줄 안 친 부분에서 나오면 다 맞습니다.

왜냐하면 줄을 안 친 부분은 나중에 시간에 쫓기면 다시 보지 못하고 시험에 들어가는 일을 불사해도 다 맞힐 수 있다고 생각하여 줄을 안 친 것이기 때문입니다.

그리고 줄을 친 부분에서 나오면 역시 다 맞힙니다.

왜냐하면 시험 전에 7, 8번 본 내용이기 때문입니다.

그리고 그런 세부적인 내용은 시험 후 며칠 지나면 싹 잊어버리게 되지요.

경험해 보셨을 것입니다.

처음에는 파악해야 할 기본 개념과 꼭 외워야만 하는 것들만 외우고 지금 당장은 안 외워도 문제가 없는 것들은 구분해서 줄을 쳐서 잘 골라 놓았다가 마지막에 소위 벼락공부로 외우라는 뜻입니다.

암기 과목은 이렇게 공부하는 것입니다.

줄을 안 친 부분에서 나왔는데 틀렸으면 줄을 잘못 친 것이고 줄 친 데서 나왔는데 틀렸다면 줄 친 부분이 너무 많았던 것입니다.

역시 줄을 잘못 친 것입니다.

그러나 어느 정도 공부를 성실하게 하는, 제 말의 취지를 이해하는 학생들에게는 그런 일은 거의 일어나지 않습니다.

그리고 이렇게 준비해 놓은 기본 교재와 문제집은 향후 모의고사를 보거나 기말고사를 볼 때 역시 같은 방법으로 다시 사용할 수 있습니다.

그러면서 다시 볼 때마다 줄을 조금씩 수정해 갈 수 있을 것입니다.

2학년에 올라가서 모의고사를 보는데 1학년 때 공부한 범위가 나온다면 1학년 때 보았던 기본 교재와 문제집을 꺼내 줄 친 내용과 동그라미가 쳐져 있는 문제집으로 아주 빨리 총 복습을 할 수 있을 것입니다. 그러는 과정에서 줄을 또 수정할 수도 있고요.

그리고 1학년과 2학년 때 공부한 기본 교재들과 동그라미 쳐진 문제집들을 책꽂이에 잘 보관해 놓으십시오.

수능 때 또 꺼내어 총 복습 할 것이기 때문입니다.

정말 머릿속이 개운해지지 않습니까?

실전에 수십 년 적용하고 드리는 말씀이니 문자 그대로 믿고 기뻐하시며 따라 하시기 바랍니다.

다음 장에서는 중간, 기말고사 정도가 아니라 수능시험을 예를 들어 한 번 더 알기 쉽게 설명해 드리겠습니다.

중간, 기말고사는 단기전이지만 수능은 장기전이니 기본 원리는 같다 하더라도 조금 더 큰 윤곽으로 설명드리는 것이 필요하기 때문입니다.

같은 관점으로 기술되기 때문에 조금 중복되는 표현이 있을 수 있습니다.

제15장
수능 암기 과목 준비하는 방법

수능 암기 과목은 학기 초부터 모든 내용을 암기하려고 하지 마십시오.

학기 초에는 주개념만 파악하고 지금 꼭 외우지 않으면 다음 내용을 이해하지 못하는 그런 내용만 외우고 대부분의 세부적인 암기 사항은 수능 마지막 한 달 전에 급하게 외울 수 있도록 골라만 놓으십시오.

역시 앞 장에서 설명한 것처럼 **시험 보기 한 달 전에 빨리 다시 보면 좋겠다고 생각되는 단어나 어구나 문장에 자 대고 연필로 줄 치면서 공부를 하라**는 말씀입니다.

수능 시험이 11월 중순에 있다고 가정해 보겠습니다.

3, 4월에 암기 과목을 공부한다면 1장부터 공부하면서 처음부터 외우려 하지 말고 전체적으로 굵직한 개념만 파악하면서 시험 한 달 전에 즉 10월 15일부터 빠르게 여러 번 볼 단어나 어구, 문장만 골라 밑줄을 쳐 놓으십시오.

이때 역시 중요하다고 생각되는 내용이 아니고 시험에 임박해서 빨리 다시 보면 좋겠다고 느껴지는 내용이 기준이라는 점을 꼭 기억하시고요.

두 기준은 개념이 완전히 다릅니다.

실제로 적용해 보면 대부분의 중요한 개념에는 밑줄이 안 들어갑니다.

그리고 줄을 친 부분은 이미 제19장에서 말씀드린 것처럼 처음부터 외우려고 노력하지 마십시오.

지금 안 외우고 나중에 시험에 임박해서 외우겠다고 미뤄 놓은 내용이기 때문입니다.

지금 외워도 수능 때까지 기억을 유지할 수 없습니다.

전반기에는 전체 개념 정도를 파악하는 정도로만 목표를 세우십시오.

그러면 어떻게 되겠습니까?

대체로 세부적인 암기 사항에는 줄이 쳐질 것입니다.

줄이 안 쳐지는 부분은 대략 굵직한 개념일 것입니다.

2월에 한 번 본 단원을 5월쯤에 다시 읽게 되었다면 읽으면서 줄을 수정하십시오.

그래서 연필로 줄을 치라고 한 것입니다. 볼펜으로 그어 놓으면 수정할 수가 없습니다.

왜 자를 대고 치라고 하였습니까?

시각적으로 깔끔하게 보이는 것이 나중에 다시 볼 때 심리적으로도 좋기 때문입니다.

5월경에 다시 읽다 보면 줄을 쳐야 할 내용을 빠뜨려서 다시 줄을 쳐야 되겠다고 생각되는 부분도 있고, 굳이 시험이 임박해서 다시 보지 않아도 되겠다고 생각되는 부분도 있을 것입니다.

그런 부분들에서는 밑줄을 수정하십시오.

다시 말해 지금 외울 부분과 나중에 시험에 임박해서 한 달 전에 집중적으로 외워야 할 부분을 구분하면서 공부를 하라는 것입니다.

그렇게 암기 과목을 공부하다 보면 밑줄이 들어가는 부분은 외우기가 난해한 세부점들일 것이기 때문에 그 부분을 빼고 나면 나머지 부분은 기억하기가 그다지 어렵지 않다는 것도 알게 될 것입니다.

줄이 안 쳐지는 부분은 본인이 생각할 때 마지막에 시간에 쫓기면 다시 보지 못하고 그냥 시험장에 들어갈 것을 불사하는 내용이기 때문에 지금부터 그에 맞게 준비를 하게 될 것입니다.

그런데 어떤 페이지에서는 어떤 단어나 어구나 문장을 골라 줄 치기가 애매하다고 느껴질 수 있습니다.

특히 역사 과목에는 그런 부분들이 종종 있습니다.

그럴 경우에는 여백에 직접 깔끔하게 '시험 한 달 전에 이것만 여러 번 읽어 보고 가면 되겠구나' 하는 마음으로 간단히 정리를 해 놓으십시오.

그리고 역시 그렇게 정리해 놓은 것은 지금 외우려고 하지 말고 마지막 한 달에 외울 것으로 미뤄 두십시오.

그러다가 시험 한 달 전인 10월 15일쯤 되었다고 생각해 보십시오.

그때부터는 모든 암기 과목에서 줄 친 부분만 빠른 속도로 반복해서 여러 번 읽으면서 외우십시오.

그때쯤에는 줄이 쳐져 있지 않은 주요 개념 정도는 다 알고 있기 때문에, 줄이 쳐진 부분만 빠르게 보기로 하면 한두 시간 정도면 한 권을

다 볼 수 있을 것입니다.

이렇게 공부하면 암기 과목이 2, 3권 정도 된다고 하더라도 마지막 한 달에 모두 7, 8번 이상 읽어 보고 시험장에 들어갈 수 있습니다.

즉, 줄 친 부분은 미리 외우는 것이 아니라 이때 외우는 것입니다.

쉽게 말하면 벼락공부를 하는 것입니다.

그러면 기억의 최대치를 유지한 상태로 시험장에 들어갈 수 있으며 시험 잘 보고 나와서 일주일쯤 지나면 싹 다 잊어버리게 될 것입니다.

왜 다 잊어버리게 될까요?

줄을 친 내용들은 외우기가 난해한 세부적인 내용들입니다.

급하게 벼락공부로 외웠으니, 비유컨대 눈꺼풀에 붙어 있는 정도였으므로 시험 끝나고 한 열흘 정도 지나면 다 잊어버리는 것은 당연하지요.

암기 과목은 이렇게 공부하는 것입니다.

이 방법이 왜 좋은지 다음 장을 읽어 보시면 더 확실히 이해가 되실 것입니다.

제16장

책의 범위를 벗어나는 문제가 아닌 한 다 맞힐 수 있다

줄을 친 부분은 시험 임박해서 한 달 전부터 7, 8번 이상 본 내용이라 그 부분에서 문제가 나오면 다 맞힐 수 있습니다.

줄을 안 친 부분은 마지막 구간에 시간에 쫓기면 그냥 다시 못 보고 들어가도 문제가 나오면 답을 골라 맞힐 수 있다고 생각하며 공부를 한 내용이므로 줄 안 친 데서 나와도 다 맞힙니다.

줄 안 친 데서 나왔는데 틀렸다면 줄을 잘못 친 것이고, 줄을 친 데서 나왔는데 틀렸다면 줄을 친 양이 너무 많아서, 즉 줄을 잘못 쳐서 마지막에 효과적인 복습을 잘 못했다는 뜻이 될 텐데 상위권 학생들에게 그런 일은 거의 일어나지 않습니다.

그러므로 줄을 잘 치는 것이 매우 중요합니다.

이 방법이 왜 효율적인지 예를 들어 보겠습니다.

어떤 밤나무에서 10월 중순경에 밤이 2말이 나온다고 생각해 보십시오.

그럼 밤이 5월에 세 되, 6월에 세 되, 7월에 세 되, 8월에 세 되 이런 식으로 나옵니까?

아니지요. 5월부터 8월까지는 한 되도 안 나옵니다.

9월에 몇 개 떨어지다가 10월 한 달에 2말 다 쏟아지는 것입니다.

암기 과목 점수가 11월 15일에 100점 나온다고 생각해 보십시오.

5월 달에 60점, 6, 7월에 70점, 8월에 80점 이런 식으로 나오는 것이 아닙니다.

5월에 30점, 6월에 35점, 7월에 40점, 8월에 45점, 9월에 55점 하다가 11월에 100점 나오는 것입니다.

5월부터 9월까지는 안 외우고 주요한 개념만 파악하고 있었기 때문에 점수가 많이 나올 수가 없는 것입니다.

그러다가 11월에 싹 다 외우면서 비유컨대 한꺼번에 밤알이 다 쏟아지면서 100점이 나오는 것입니다.

또 한 예를 들어 보겠습니다.

암기 과목 점수를 얻는 일은 조그마한 방죽에 있는 물고기들을 잡아내는 일에 비유할 수도 있습니다.

11월 15일이 시험 날이라고 하면 봄부터 계속 잡아 내려고 하지 마시라는 말입니다.

잡아 내려면 시간과 노력이 많이 들고 또 잡아 놓아도 도망을 가기 때문입니다.

봄부터 10월 15일 될 때까지는 그냥 쉽게 손에 걸리는 큰 고기들이나 몇 마리 잡아 내고 잡기 힘든 작은 고기들은 힘들여 잡아 내려고 하지 말고 살살 구석으로 몰고만 있으라는 것입니다.

그러면서 10월 15일부터 한꺼번에 잡아 낼 수 있는 그물이나 만들고 있으라는 것입니다.

이쯤이면 그 그물이 무엇인지 아실 수 있겠지요?

맞습니다. 책에 잘 치고 있는 밑줄이 그 그물인 것입니다.

그러면 시간이 절약되어 그 시간에 국어나 영어나 수학 같은 과목을 많이 할 수 있습니다.

그러다가 10월 15일부터 그 그물을 사용하여 잔챙이 고기까지 한꺼번에 다 떠내는 것입니다.

10월 15일 오기 전까지는 그물 작업만 잘해 놓으면 됩니다.

그물 작업만 잘해 놓으면 한 마리도 빠져나가지 못합니다.

최상위권 학생들이라면 그물코를 어느 한 군데라도 너무 넓게 해서, 즉 줄을 쳐야 할 부분을 빠뜨려서 고기 한 마리가 거기로 빠져나가지 않도록 그물 작업을 잘해야 합니다.

즉 밑줄을 잘 쳐야 합니다.

그럼 이제 암기 과목에 딸린 문제집은 어떤 목적으로 어떻게 사용해야 합니까?

그 질문에 대한 답을 이제 다음 장에서 설명해 드리겠습니다.

제17장
수능 암기 과목의 문제집 사용하는 법

암기 과목 문제집의 기본적인 기능은 공부한 내용들을 자신이 얼마나 알고 있는지 체크해 보는 것입니다.

그러한 기본적인 기능 외에 배운 내용들을 여러 각도로 적용해 볼 수 있는 능력을 키워 주는 기능도 있습니다.

어렴풋하게 알았던 내용은 문제를 풀어 봄으로 확실하게 알게 될 수 있습니다.

그래서 문제집을 푸는 일에는 앞으로 어떤 방향으로 공부해야 하는지를 알려 주는 기능도 있습니다.

그럼 문제집을 어떻게 공부하면 좋습니까?

문제집에 직접 답을 적으면서 풀지 말고 옆에 종이 한 장을 두고 거기에 답을 적었다가 채점을 하십시오.

그리고 채점하면서 문제들을 잘 분석해 보고 시험에 임박해서 한 번 더 풀어보면 좋겠다고 생각되는 문제들을 골라 그 문제들의 번호에 동그라미를 쳐 놓으십시오.

그리고 문제집들을 깨끗하게 보존하십시오.

그래야 다음에 한 번 더 풀어 볼 수 있습니다.

단, 지난번 풀 때 몇 개를 맞혔는지만 적당한 곳에 적어 놓으십시오.

그리고 시험 한 달 전이 되면 공부한 교재의 밑줄 친 부분을 여러 번 읽은 다음 문제집들에 있는 문제들 중 동그라미 쳐져 있는 문제들은 한 번 더 풀어 보십시오.

동그라미 치라고 한 이유는 동그라미 안의 번호가 잘 보이고 시각적으로 제일 단정하고 깔끔하기 때문입니다.

이렇게 공부하면 준비를 잘하는 것입니다.

그러고도 시간이 남으면 동그라미 안 친 문제도 한 번 더 풀어 볼 수 있을 것입니다.

다음 장에서부터는 국어를 공부하는 방법을 설명해 드리겠습니다.

제V부

국어 공부하는 방법

제18장

어릴 때부터 책을 많이 읽게 하십시오

어려서부터 책을 많이 읽으면 문장 이해력이 발전합니다.

어휘력도 풍부해집니다.

그러나 어떤 책을 읽느냐에 따라 아이의 정신이 영향을 받을 수 있으므로 부모님이 내용을 먼저 잘 살펴보시기 바랍니다.

처음에는 재미있는 책을 많이 읽게 하십시오.

즐겁게 읽을 수 있는 동화나 소설부터 시작하는 것을 추천합니다.

동화나 소설에서 시작하는 것이 책 읽기를 즐겁게 여기도록 훈련하는 데 유익합니다.

무슨 일인가를 즐길 때 꾸준히 할 수 있으며 더 큰 효과를 발휘할 수 있기 때문입니다.

위인들의 전기도 추천할 만합니다.

역사 소설도 매우 추천할 만합니다.

책 읽기에서 즐거움을 찾는다면 그런 아이는 TV 시청이나 인터넷 서핑이나 핸드폰을 들여다보는 일보다 책 읽기를 더 즐거워할 수 있습니다.

그다음은 평론과 사설들을 읽게 할 수 있을 것입니다.

요즘 판타지 소설들이 많이 나옵니다.

그런 책들은 절대 읽게 해서는 안 됩니다.

아이들의 정신에 큰 해를 끼칠 수 있습니다.

판타지 소설은 마치 아이의 머릿속을 스티로폼처럼 되게 만들 수 있습니다.

제19장
책을 어떻게 읽어야 하는가?

책을 읽으면서 일정 단위로 두 가지를 파악하도록 도와주십시오.

첫째, 글쓴이가 강조하는 점은 무엇인가?

둘째, 그 점을 강조하기 위해 어떤 작은 요점들을 어떻게 연결하였는가?

이 두 가지를 파악하고 그 점을 노트에 적어 보게 하십시오.

노트에 적어 보게 하는 것이 매우 중요합니다.

길게 적을 필요는 없습니다.

글의 주제는 보통 한 문장이면 될 것이며 요점들의 연결은 두세 문장이면 될 것입니다.

국어는 학원을 보낼 필요가 거의 없다고 생각합니다.

그냥 같이 문제집을 풀어가는 선생님은 별 도움이 되지 않기 때문입니다.

오히려 아이의 사고력을 약화시킬 위험성이 있습니다.

선생님의 해설을 듣고 있는 것이 본인의 사고력을 발전시키는 데 도움이 되겠습니까?

제가 알려 주는 방법대로 어머니께서 코치만 해 주셔도 될 것입니다.

제20장

국어 기본 교재와 문제집 쓰는 방법

국어도 자습서와 문제집을 한번 선정하면 입시 때까지 계속 볼 생각을 하고 교재를 선정하십시오.

그리고 그 자습서와 문제집을 수능 시험 때까지 잘 보관하십시오.

국어에도 암기 부분이 있습니다.

문학사, 어법, 어휘력 등은 암기 부분에 해당할 것입니다.

역시 이 암기 부분을 공부할 때는 제12~17장에서 말씀드렸듯이 **시험에 임박하여 다시 보면 좋겠다고 느껴지는 단어나 어구나 문장에 자대고 연필로 줄을 치라는 공식을 그대로 적용하도록 하십시오.**

그리고 문제를 풀 때마다 역시 암기 과목 문제를 풀 때처럼 답지에 직접 답을 쓰지 말고 옆에 있는 종이에 답을 적고 채점을 해 본 다음 문제들을 분석하여 **시험에 임박하여 다시 풀면 좋겠다고 여겨지는 문제들을 골라 번호에 동그라미를 쳐 놓으십시오.**

그리고 모의고사가 되었든 중간, 기말고사가 되었든 시험이 임박하면 그동안 줄을 쳐 놓았던 부분부터 먼저 다 읽고 동그라미 쳐진 문제들을 먼저 푸십시오.

그러면 시간이 좀 남을 것입니다.

그러면 줄을 안 친 부분도 여유 있게 한 번 더 읽어 보십시오.

그렇게 하다 보면 그 과정에서 줄을 수정하는 일이 있을 것입니다.
'이런 내용을 줄을 칠 필요가 없겠구나. 삭제하자. 아, 여기는 줄을 쳐야 할 것을 치지 않았구나.'
이런 생각이 계속 들 것입니다.

그리고 또 다음 시험이 다가오면 줄을 친 부분부터 읽고 동그라미 쳐진 문제 풀고, 그러고도 시간이 남으면 줄을 안 친 부분도 한 번 더 보면서 줄을 삭제하거나 새로 치십시오.

그리고 줄을 친 부분은 시험이 임박해서 여러 번 읽어 볼 것이기 때문에 시험 때까지 시간이 많이 남아 있을 때는 굳이 줄을 친 부분은 외우려고 하지 말고 오히려 줄 안 친 부분에 신경을 쓰면서 공부하십시오.
이미 제12~17장에서 설명하였습니다.

이런 식으로 공부하면서 자습서와 문제집들을 깨끗하게 수능 때까지 잘 보관하십시오.
수능에 임박해서 이 책들과 문제집들을 복습할 것이기 때문입니다.
문제도 다른 종이에 답을 적고 채점하였으니 문제집 자체는 깨끗해야 합니다.
책에 시커멓게 칠하고 형광펜으로 컬러풀하게 그어 놓는 일은 절대 하지 마십시오.
그렇게 하는 일은 나중에 마무리하는 데 아무 도움도 되지 않습니다.

제가 하라는 대로 자 대고 수정이 가능하도록 연필로 줄 치고 문제의 번호에 동그라미 치는 일만 하십시오.

그러면 여러분의 책은 아주 깨끗하게 마지막 총 복습을 위해 준비가 잘되고 있는 것입니다.

이제 국어의 중요한 부분인 독해력을 향상시키는 문제를 설명하겠습니다.

제21장

국어 문제 풀기는 활쏘기와 같다

주어진 지문을 읽고 문제에 대한 답을 고르는 일은 화살을 쏘아 과녁에 맞히는 일에 비할 수 있습니다.

화살을 쏘아 백 발에 백 발을 다 맞히는 사람이 있고 백 발 중에 90발을 맞히는 사람이 있고 백 발 중에 60발을 맞히는 사람도 있습니다.

차이를 내는 가장 중요한 요소는 훈련입니다.

어렸을 때부터 책을 많이 읽어서 기본적인 문장 이해력을 꾸준히 발전시켜야 합니다.

그리고 많이 쏘아 봐야 합니다. 즉 문제를 많이 풀어 보아야 합니다.

그래서 초등학교, 중학교 때 수학 선행 학습을 한다고 하며 시간을 낭비하지 말고 국어와 영어에만 집중하라고 말씀드린 것입니다.

두 번째 요소는 화살을 쏘는데 시정해야 할 신체적 자세를 교정하는 일입니다.

전문가가 옆에서 관찰하면 그 신체적 자세가 발견될 것입니다.

그러나 스스로도 지신의 신체적 자세를 교정할 수 있습니다.

그 신체적 자세가 무엇인지 어떻게 극복할 수 있는지 다음 장에서 말씀드리겠습니다.

제22장
국어 문제를 풀 때 자신의 관점을 개입시키지 말고 글쓴이의 관점만 파악하라

공부를 잘하는 어떤 학생이 문제집을 들고 와서 "선생님 이 문제 좀 한번 봐 주십시오.

제가 보기에는 아무리 생각해도 이건 답안지가 잘못된 것 같습니다.

정답이 3번인 것 같은데 답안에는 4번이 정답이라고 되어 있습니다."

그럼 제가 찬찬히 문제를 살펴보고 나서 가끔은 "네 말이 맞다. 이건 문제를 잘못 냈다."라고 말해 주는 경우가 있습니다.

그러나 또 어떤 경우에는 "네 생각이 틀렸다. 문제에도 오류가 없고 답안도 이상이 없다."라고 말해 줍니다.

그럴 경우 저와 학생 간에 오고 가는 다음 대화를 들어 보십시오.

"너는 왜 3번을 정답으로 보았느냐?"

"가을은 쓸쓸함의 계절이라 여기서 떨어지는 낙엽은 허무함을 상징화한 소재 아닙니까?"

"그건 네 생각이다."

"왜요?"

"일반적으로 가을은 쓸쓸함의 계절로 인식되지만 그런 일반적인 인식을 글을 읽고 문제를 풀 때 개입시키면 안 돼. **이 글에서 글쓴이가 무엇이라고 말했느냐가 중요해.**

여기서 글쓴이는 그런 일반 개념을 타파하는 말을 하고 있어. 오히려 여기 문맥을 봐라. 단풍과 낙엽을 화려한 완성으로 소임을 다하고 퇴장하는 모습으로 묘사하고 있잖아?

사실 글쓴이는 네가 말하는 쓸쓸함을 극복하는 완성과 만족의 상징으로 낙엽이라는 소재를 쓰고 있는 거야."

"그렇지만 여기 허무한 시간 위로 지는 낙엽이라는 표현이 있지 않습니까? 쓸쓸한 갈바람이라는 표현도 있고요."

"그건 출제자의 트릭이야. 여기를 잘 봐. '그러나' 하면서 결국은 허무함을 극복하는 완성의 미학이라고 이끌고 있잖아?

여기 이 쓸쓸한 갈바람이라는 표현은 학생들을 오답에 빠지게 하려는 출제자의 트릭이야."

"선생님 말씀을 듣고 보니 이해가 갑니다. 제가 완전히 트릭에 걸렸네요."

"그래서 내가 여러 번 말했잖아? **문제를 풀 때는 일체의 자기의 선입관을 배제하고 여기서 글쓴이가 뭐라고 말했는지 그것만 파악하라고."**

"정말 그렇군요. 또 깜빡했습니다."

이 대화를 들어 보시니 옛날 학생 때 문제 풀다 틀린 기억이 나시지요?

그리고 요점을 이해하시게 되셨을 것입니다.

학생들이 국어 문제를 풀 때 절대 자신의 생각이나 일반적으로 받아들여지는 관점을 개입시키지 않도록 훈련시키십시오.

여기서 글쓴이가 뭐라고 했는지 그 점만 명확하게 파악하도록 도와주십시오.

그런 관점을 유지하며 많은 문제를 풀게 하십시오.

그런데 국어 시험 문제 출제자들이 변별력을 갖추기 위해 어떤 방법을 사용하는지를 알면 더 정확한 훈련을 할 수 있습니다. 이제 다음 장에서 그 점을 설명하겠습니다.

제23장

국어 문제 출제자들이 변별력을 갖게 하는 방법을 파악하고 그에 맞게 훈련하라

출제자는 시험 문제를 내면서 몇 가지 도전에 직면합니다.
첫째, 문제의 답이 객관적으로 명확해야 합니다.
정답과 관련하여 논란의 소지가 있는 문제를 출제해서는 안 됩니다.
그것은 사후에 출제자에게 큰 불명예를 초래할 수 있기 때문입니다.

둘째, 그러면서도 변별력을 갖춘 문제를 출제해야 합니다.
출제자들은 이 도전에 어떻게 응할까요?
여러분이 출제자라면 이 도전에 어떻게 응하시겠습니까?

한 가지 방법은 트릭이 숨겨져 있는 지문들을 찾아 쓰는 것입니다.
앞 장에서 말씀드린 것처럼 논점은 분명히 있지만 학생들이 글쓴이의 의도를 파악하기 쉽지 않은, 심지어는 오해할 수 있게 만드는 복잡하고 헷갈리게 하는 지문들을 찾아 쓰려고 노력합니다.

그러나 그런 문장이라도 짧은 문장을 주면 안 됩니다.
생각해 보십시오.
공부를 잘하는 머리 좋은 학생이 아무리 좀 트릭이 숨겨져 있는 문장이라 해도, 시간을 충분히 가지고 읽어 보고 또 읽어 보고 하면 명백히 답이 있는 문제인데 그 답을 못 찾아내겠습니까?

어차피 한국말인데요.

그러므로 출제자는 변별력을 갖기 위해 두 번째 방법을 씁니다.

그것은 지문을 길게 주고 시간을 촉박하게 주는 것입니다.

국어 문제를 푸는 일을 활쏘기에 비유한다면 화살 백 발을 주고 다 쏠 시간을 조금밖에 주지 않는 것입니다.

정신없이 빨리빨리 쏘게 하는 방법으로 순위를 가리겠다는 것입니다.

변별력을 갖게 하는 아주 용이한 방법입니다.

그러므로 학생들은 빠르게 읽으면서도 글쓴이의 논점을 정확하게 파악하는 훈련을 해야 합니다.

그래서 어렸을 때부터 훈련을 시켜야 한다고 말씀드린 것입니다.

그리고 언제나 문제를 풀 때는 시간을 재면서 문제를 풀어야 합니다.

즉 빨리빨리 푸는 연습을 해야 합니다.

평소에 시간을 충분히 가지고 느긋하게 푸는 식으로 연습을 하면 안 됩니다.

이제 실전에서 부딪칠 수 있는 매우 중요한 점 하나를 다음 장에서 알려 드리겠습니다.

제24장
누가 보아도 무슨 뜻인지 확정할 수 없는 문장도 많이 나온다

지문을 읽다 보면 글쓴이가 무슨 뜻으로 이 말을 한 것이지 정확하게 알 수 없는 그런 표현들이 나옵니다.

지문을 읽다가 이런 부분을 만나면 어떻게 해야 합니까?

두 가지 경우 중 하나일 수 있음을 기억하십시오.

첫째는 학생이 이해를 못 하는 것이 아니라 이 표현들만 가지고는 어느 누구도 그 의미를 확정할 수 없는 경우가 있습니다.

왜냐하면 문제의 지문은 긴 글에서 가져온 일부일 수 있기 때문입니다.

또 다른 두 번째 경우는 그 부분만 가지고는 무슨 뜻인지 알 수 없지만 지문을 조금 더 읽어 내려가다 보면 지문 자체에서 그 말의 뜻이 설명이 되는 경우가 있습니다.

만약 첫 번째 경우라면 그런 부분은 문제에서 다루어지지 않을 것입니다.

그러나 두 번째 경우라면 그 지문 자체에서 그 뜻이 해석되게 해야 합니다.

자신의 개인적 견해나 관점으로 해석을 하려는 유혹을 저항해야 합니다.

그러므로 어느 경우이든 지문을 읽다가 객관적으로 의미를 확정하기에 어려워 보이는 그런 부분을 만나면 그 부분에 머물러 불필요하게 시간을 소비하거나 자기의 관점을 개입시켜 의미를 자의적으로 해석하려 하지 않도록 주의하십시오.

대신 지문의 다른 부분에서 그 의미가 확정될 수 있다는 가능성을 염두에 두며 계속 읽어 내려가도록 하십시오.

그러면서 글쓴이가 명료하게 표현한 문장들만 눈여겨보도록 하십시오.

"당신이 여기서 이렇게 말하지 않았습니까?"라고 명료하게 짚을 수 있는 문장에만 초점을 맞추도록 하십시오.

그러면 여러분은 출제자의 트릭에 걸려들지 않고 요리조리 잘 빠져나가면서 정답을 잘 쏘아 맞힐 것입니다.

그리고 문제를 풀 때는 꼭 시험 때처럼 시간을 정해놓고 시간 안에 급하게 푸는 연습을 해야 합니다.

그래야 실제 시험을 위한 훈련이 됩니다.

그런데 여러분이 푸는 시중의 국어 문제집들에는 문제가 잘못되었거나 답안이 잘못된 경우가 생각보다 많이 있습니다.

올바른 훈련을 위해 이 문제에 대처하는 방법을 알아야 합니다.

다음 장에서 말씀드리겠습니다.

제25장

시중의 국어 문제집들에 잘못된 문제와 오답이 생각보다 많다

그런 현실을 알고 활쏘기 연습을 해야 합니다.

수능이나 모의고사에는 오답이나 잘못된 문제가 거의 없습니다.

왜냐하면 그런 일이 발생하면 출제자에게 큰 불명예가 초래될 수 있기 때문입니다.

그래도 매번 수능을 본 후에 출제된 문제에 대한 이의 제기가 수백 건씩 올라오는 것을 봅니다.

그런데 보통 시중의 문제집들엔 잘못된 문제나 오답이 생각보다 아주 많이 있습니다.

왜 그런 일이 일어날까요?

사실 국어 문제를 출제하다 보면 국어 문제를 잘 출제하기가 쉽지 않다는 것을 알게 됩니다.

답을 찾기가 너무 쉬워도 안 되고 답이 애매모호해도 안 되기 때문입니다.

답이 명확하면서도 변별력을 갖춘 그런 문제들을 출제해야 합니다.

그래서 출판사들의 선생님들이 문제를 내다 보면 학생들에게 트릭을

걸려다가 진짜 애매하게 잘못된 문제를 출제하기도 합니다.

어쨌든 그것은 여러분들이 개선할 수 있는 문제는 아니니 여기서 길게 논하지 않겠습니다.

어쨌든 시중에 나와 있는 국어 문제집들에는 잘못된 문제가 적게 줄잡아도 10% 이상은 된다는 점을 기억하십시오.

이런 문제집으로 훈련을 잘못하면 여러분의 국어 문제 풀이를 위한 사고력을 발전시키는 과정이 구부러질 수 있습니다.

문제나 답이 잘못되었는데 그 잘못된 기준에 맞춰 나의 활쏘기 자세를 수정한다면 어떻게 되겠습니까?

적지 않은 혼란이 일어날 수 있습니다.

그럼 어떻게 해야 할까요?

이제 다음 장에서는 그 문제를 설명하겠습니다.

제26장

문제나 답이 잘못되었다고 생각되면 신뢰할 만한 분께 심판을 청구하라

먼저 시간을 정해 놓고 시험 때처럼 급하게 문제를 풉니다.

그리고 채점을 해가면서 문제들을 차분하게 분석합니다.

자신이 답안과 다른 답을 했을 경우 답안의 해설지를 읽으면서 잘 생각해 보십시오.

자신이 오답을 했다는 것이 인정되면 좋습니다.

그런 과정에서 자신의 활쏘기 솜씨, 즉 독해력을 더 늘릴 수 있기 때문입니다.

그러나 아무리 생각해도 문제를 잘못 낸 것 같다거나 답안이 잘못된 것 같다고 생각된다면 절대로 문제집의 관점에 맞춰 자신의 생각을 억지로 순응시키려고 하지 마십시오.

그것은 훈련 과정에 큰 피해를 가져올 수 있습니다.

그럴 경우에는 주변의 믿을 만한 선생님께 그 문제를 가지고 가서 심판을 꼭 받아 보십시오.

그 선생님의 도움을 받아 정말 자신이 잘못한 것인지 아니면 문제집이 잘못된 것인지를 명확히 하는 과정이 꼭 필요합니다.

그런 과정에서 문장 이해력과 사고력이 계속 향상될 것입니다.

이제부터 수학을 공부하는 방법을 설명하겠습니다.

제VI부

수학 공부하는 방법

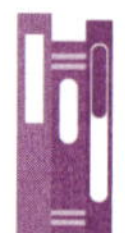

제27장
여러 단원을 한꺼번에 공부해 가는 좋은 방법이 있다

푹 꺼진 골짜기에 집을 짓는다고 생각해 볼 때 철근으로 기둥 세우고 집을 짓듯이 건축할 수 있는 과목이 수학이라면 골짜기부터 다 메우고 올라와야만 건축이 가능한 과목이 영어입니다.

수학을 잘하기 위해서는 입시 때까지 계속 반복해서 볼 한 권의 기본 교재를 결정하십시오.

저는 《수학의 정석》을 추천합니다.

이제 어떻게 수학을 공부하면 좋은지 아래와 같은 목차를 상정해 놓고 설명을 해 보겠습니다.

1단원 직선의 방정식

2단원 원의 방정식

3단원 집합

4단원 도형의 이동

5단원 명제와 조건

6단원 합성 함수

7단원 순열, 조합

8단원 지수, 로그

9단원 행렬

10단원 수열

어떤 수학 책이든 대개 단원별로 처음에는 기본 개념을 설명합니다.

그리고 기본 개념을 연습해 보게 하는 아주 쉬운 보기 문제가 나옵니다.

그다음에는 기본 개념을 약간 활용하는 기본 문제와 유제가 나옵니다.

그다음에는 조금 더 심화된 약간 어려운 문제들이 나옵니다.

그리고 마지막에는 단원 내에서 배운 여러 가지 개념들을 다양하게 연습해 보는 다양한 연습 문제가 나옵니다.

이제 제가 오랫동안 수학을 가르치면서 관찰한 아이들이 겪는 공통된 문제를 말씀드리겠습니다.

수학 개념 자체를 이해하는 과정이 어렵기도 하지만 그것보다 훨씬 더 어려운 점은 다른 곳에 있습니다.

예를 들어 3월에 1단원 직선의 방정식을 배웠다고 생각해 보겠습니다.

기본 개념을 배운 후, 그래프, 위치 관계, 정점을 지나는 직선, 점과 직선 사이의 거리, 자취 문제를 다 공부하고 나니 4월이 됩니다.

4월에 2단원 원의 방정식으로 들어가 기본 개념, 원과 직선의 관계, 두 원의 위치 관계, 자취 문제를 풀고 나니 또 한 달 정도가 갑니다.

그리고 5월에는 집합을 배우는데 개념, 여러 가지 집합, 집합의 포함 관계 등 집합과 관련된 여러 내용들을 배우다 보니 또 한 달이 갑니다.

그리고 6월에는 도형의 이동을 배웠습니다.

그리고 7월쯤 가서 3월이나 4월에 공부한 직선이나 원의 자취 문제를 풀어보라고 하면 어떻게 될 것 같습니까?

답은 이론이 아니라 현실로 자명합니다.

3월이나 4월에는 곧잘 풀었던 직선과 원에 관한 문제를 거의 못 풉니다.

그 이유가 무엇입니까?

3월에 배운 직선의 방정식, 4월에 배운 원의 방정식, 5월에 배운 집합, 6월에 배운 도형의 이동이 서로 연관 관계가 없어서 거의 다 잊어버렸기 때문입니다.

1단원 직선의 방정식 내에서 기본 개념, 그래프, 두 직선의 위치 관계, 정점을 지나는 직선, 점과 직선과의 거리, 자취 문제는 서로 어느 정도 연관 관계가 있으나 1단원 직선의 방정식과 2단원 원의 방정식은 서로 연관 관계가 아예 없기 때문입니다.

그러면 어떻게 이 문제를 해결할 수 있습니까?

저는 이 문제를 해결하기 위해 여러 가지 방법을 시도하였으며 매우 좋은 방법을 찾아내었고 학원에서 학생들을 가르치면서 적용하여 큰 효과를 실제로 경험하였습니다.

그리고 같은 시간과 노력이라면 약 50%의 효과가 더 있다는 것도 알게 되었습니다.

그것은 1단원부터 10단원까지를 한꺼번에 공부하는 것입니다.

영어는 안 되지만 수학은 그것이 가능합니다.

어떻게 그것이 가능할까요?

먼저 1단원부터 10단원까지 기본 개념을 읽고 기본 개념을 연습하는 보기 문제들만 모두 다 풀어 보십시오.

실제로 해 보면 가능합니다.

왜 가능하냐면 직선의 방정식을 몰라도 원을 할 수 있고 원을 몰라도 집합을 할 수 있고 집합을 몰라도 도형의 이동을 할 수 있기 때문입니다.

이렇게 1단원부터 10단원까지 먼저 기본 개념을 한꺼번에 다 공부하고 쉬운 보기 문제들을 푸십시오.

그러면 10단원 전체에 걸쳐 기본 개념은 알게 되지 않겠습니까?

그리고 다음 날에는 기본 개념을 조금 확장해 가는 문제들을 단원별로 한 개씩 10문제를 풀어 보십시오.

그러면 어제 공부했던 기본 개념들이 복습이 되면서 머릿속에서 더 선명하게 될 것입니다.

그다음 날에는 어제 풀었던 문제와 비슷한 유제를 또 1개씩 총 10문제를 풀어 보십시오.

그리고 그 다음에는 그것보다 조금 더 발전한 문제들로 각 단원에서 1개씩 뽑아 10개를 풀어 보십시오.

이런 식으로 진행하다가 마지막에는 각 단원별로 개념을 함께 다루는 연습 문제를 또 1개씩 풀어 가는 식으로 해 보십시오.

그러면 어떻게 될까요?

같은 기간이라도 전체 단원을 여러 번 복습하는 효과가 발생합니다.

큰 단원들끼리는 내용이 독립적이지만 단원 내부에서의 소단원들은 서로 연관성이 있기 때문에 문제를 풀 때마다 복습 효과가 발생하기 때문입니다.

겨울에 두꺼운 옷 하나 입는 것보다 얇은 옷 여러 개 입는 것이 더 따뜻한 것과 비슷합니다.

한 번 더 쉽게 말씀드립니다.

한 달 내내 직선의 방정식만 풀다가 그다음 또 한 달 내내 원의 방정식만 풀다가 그다음 한 달 내내 집합 문제들만 푸는 식으로 하지 말고 매번 모든 단원에서 난이도대로 올라가면서 계속 한두 문제씩 풀라는 것입니다.

수학은 그것이 가능한 과목입니다.

영어는 be동사, 일반 동사, 부정문, 의문문도 모르고 to 부정사 기본 개념도 없는 학생에게 수동태나 관계 대명사를 가르칠 수 있습니까?

안 됩니다. 영어는 아무리 급해도 바늘허리 꿰어 못 씁니다.

수동태나 관계 대명사가 들어간 문장을 알려면 be동사, 일반 동사, to 부정사부터 문법도 다 배우고, 기본 단어들도 다 외우고 올라와야 합니다.

그런 의미에서 영어는 기초가 없이는 절대 안 되는 과목입니다.

그런 의미에서 기초가 없는 아이를 가르치는 일을 골짜기에 집을 짓는 일에 비한다면 수학이라는 집은 골짜기에 아연각이나 빔으로 골격 세우고 바로 지을 수 있지만, 영어라는 집은 골짜기부터 흙으로 다 메꾸고 올라와야만 지을 수 있는 집입니다.

재미있는 이야기 하나 해 드리겠습니다.

학원을 운영하다 보면 새로 학원에 등록하는 학생들과 학부모들이 많이 오지 않겠습니까?

처음에 상담할 때 "우리 애는 영어는 잘해요.

영어는 1, 2등급 나오는데 수학을 잘 못해서 걱정이에요."

그럼 제 마음이 아주 가벼워집니다.

이런 아이를 받으면 순식간에 실력을 올릴 수 있고 덕분에 저는 잘 가르쳤다는 말도 들을 수 있기 때문입니다.

그러나 그 반대로 "우리 애는 수학은 잘해요. 그런데 영어 점수가 잘 안 나와요.

수학은 2등급인데 영어가 6등급이에요."

그러면 제 머리가 무거워지려고 했습니다.

왜냐하면 영어는 기초가 없으면 골재로 골짜기를 다 메우고 올라와야 하는 과목이기 때문입니다.

수학 1등급 올리는 것보다 영어 1등급 올리는 데 시간이 세 배는 듭니다.

또다시 말씀드리지만 수학은 초등학생들한테도 지수, 로그, 수열, 미분, 적분 가르칠 수 있는 과목입니다.

왜냐하면 중학교 수학 과정에서 수열, 미적분 비슷한 것도 안 나오기 때문입니다.

그렇다고 초등학생 때부터 고등학교 가서 배울 지수, 로그, 수열, 미적분 가르치라는 이야기는 절대 아닙니다.

이 책의 제1장에서 말씀드린 것처럼 그건 절대절대 안 됩니다.

할 수 있다는 것과 실제로 하는 것은 전혀 별개의 문제입니다.

오히려 수학의 특성이 그런 과목이기 때문에 초등학생 때부터 가르쳐서는 안 된다는 말씀 다시 드립니다.

제가 남의 말 옮기는 사람 같아 보입니까? 확실히 알고 말하는 사람 같아 보입니까?

여러분의 판단은 여러분의 입시 전략 전체, 더 나아가 여러분의 인생 전체를 바꾸어 놓을 것입니다. 너무 중요한 문제입니다.

제VII부

수능 마지막 한 달 동안 전 과목 마무리하는 방법

제28장

수능 마지막 한 달 동안 국영수는 내려놓고 암기 과목 위주로 공부하면 큰일 난다

많은 학생들이 시험에 임박하면 영어와 수학에서는 점수를 더 올리기 어려우니 암기 과목에 집중하는 것이 점수를 얻는 데 유리하다고 생각하여 마지막 한 달에는 국영수는 거의 내려놓다시피 하고 암기 과목에만 집중하는 경향이 있습니다.

그러나 그렇게 하면 정말 큰일 납니다.

그리고 제가 이미 앞 장들에서 설명한 내용을 잘 이해했으면 그렇게 할 필요도 없을 것입니다.

그렇게 하면 왜 안 될까요?

마지막 한 달 동안 영어와 수학과 국어를 내려놓고 암기 과목에 치중하다 시험장에 들어가면 국어, 영어, 수학 문제를 푸는 감각이 크게 떨어져 있어 혼란스러운 일이 벌어집니다.

그리고 잘못하다간 중요한 수학 공식도 잊어버릴 수 있습니다.

1학년 때부터 배운 수학 공식과 기본 개념이 얼마나 많습니까?

한 달 동안 수학을 내려놓다 보면 정말로 중요한 공식도 잊어버릴 수 있습니다.

그런데 마지막 한 달 동안 학생들이 범할 수 있는 실수는 시간을 주로 암기 과목에만 집중하는 것만이 아닙니다.

대부분의 학생들이 그 기간에 범하는 또 하나의 큰 실수가 있는데 그것은 그 기간에 주로 문제집만 푸는 것입니다.

이렇게 하면 왜 절대 안 되는지 다음 장에서 설명하겠습니다.

제29장

수능 마지막 한 달 동안 문제집만 풀고 있으면 절대 안 된다

이 책의 머리말에서 한번 말씀드렸듯이 수능 시험 한 달 전쯤 되면 전국의 고등학교 선생님들과 학원 선생님들과 전국의 수험생 어머니들은 모두 멘붕에 빠집니다.

어떤 멘털 붕괴에 빠질까요?

공부를 하긴 해야 할 텐데 무엇을 해야 할지를 잘 모르는 그런 멘붕에 빠집니다.

수학을 처음부터 다시 복습할 수도 없고, 그렇다고 이제 와서 영어 단어장을 하나 새로 시작할 수도 없고, 암기 과목도 분량이 많아서 처음부터 다시 읽고 외우는 일을 시작할 수도 없고 그러니 그냥 출판사들에서 만들어낸 파이널 문제지들만 풀고 있는 것입니다.

전국의 학원과 학교들에서 거의 그렇게 가르칩니다.

그것이 효과적이라는 확신이 들어서가 아니라 마땅히 달리 할 것이 없기 때문입니다.

그리고 남들도 그렇게 하니 나도 그렇게 하는 것이고요.

그런데 그렇게 하는 것은 절대 훌륭한 입시 전략이 아닙니다.

왜 그럴까요?

문제 풀이에는 다음과 같은 효용이 있습니다.

첫째, 내가 얼마나 알고 있는지 체크해 보는 기능이 있습니다.

둘째, 알고 있는 것들을 활용해 보는 과정에서 좀 더 정확하게 알게 됩니다.

어렴풋하게 알았던 내용을 문제를 풀어 봄으로써 더 명확하게 이해하게 됩니다.

문제 풀이에 이러한 효용은 있어도 문제 풀이를 통해서 몰랐던 것들을 새로 알게 되거나 개념이 더 튼튼해지는 일은 없습니다.

마지막 한 달 동안 물론 문제집도 풀어 보아야 하지만 문제집만 주로 풀고 있으면 절대 안 됩니다.

특히 암기 과목은 문제집만 풀고 있으면 그 기간에 오히려 점수가 떨어집니다.

그러나 제가 앞 장들에서 설명한 방법대로 치밀하게 준비하지 않은 학생은 마지막에 문제를 푸는 것 외에는 마땅히 할 것이 없을 것입니다.

그럼 이제 마지막 한 달 동안 무엇을 어떻게 마무리 공부를 해야 하는지를 과목별로 정리하여 말씀드리겠습니다.

먼저 수학부터 설명하겠습니다.

제30장

수능 마지막 한 달 동안 수학 전체 범위를 총 복습 하는 방법

저는 이미 입시 때까지 계속 반복해서 볼 하나의 기본 교재를 선정하라고 권하였으며 그러한 책으로 《수학의 정석》을 추천하였습니다.

여러분이 《수학의 정석》을 선택하지 않았다면 제가 드리는 말씀에 준하여 응용하실 수 있을 것입니다.

마지막 한 달 동안 이렇게 총 복습을 하십시오.

수학 I 과 수학II, 미적분 이렇게 세 과목으로 시험을 치른다고 가정하고 말씀을 드리겠습니다.

수학 I 의 1단원부터 미적분의 끝 단원까지 한꺼번에 통째로 복습을 하십시오.

이렇게 하십시오.

수학 I 의 1단원부터 미적분의 끝 단원까지 기본 개념을 설명하는 내용과 기본 공식들을 모두 암기 과목 보듯이 한꺼번에 다 읽어 보십시오.

그러면서 기억을 새롭게 하십시오.

그다음에는 역시 수학 I 의 1단원부터 미적분의 끝 단원까지 첫 번째 나오는 기본 문제들을 다 복습하십시오.

이때에도 하나하나 다 풀지 마십시오.

그럴 필요도 없고 그럴 시간도 없습니다.

문제와 풀이를 암기 과목 공부하듯이 눈으로 쭉 읽으십시오.

대부분 그전에 쉽게 풀었던 문제들이므로 감각을 살아있게 회복시키기만 하면 되기 때문입니다.

살짝 걸리는 문제들이 있으면 좀 더 유심히 들여다보거나 한번 풀어 볼 수 있을 것입니다.

두세 시간 정도면 수학 I 의 1단원부터 미적분의 끝 단원까지 1차 복습이 될 것입니다.

물론 숙달이 덜 되어 있는 학생은 시간이 조금 더 걸리겠지요.

그다음에는 유제를 하나씩 골라 역시 문제와 풀이를 역시 눈으로 쭉 읽으면서 기억을 새롭게 하십시오. 역시 살짝 걸리는 문제들이 있으면 그런 문제들만 몇 개 끄적끄적 직접 풀어 보십시오.

그다음엔 전체 범위에서 두 번째로 나오는 기본 문제들과 유제들을 역시 같은 방식으로 복습을 하십시오.

그렇게 해야 합니다.

자신이 이런 유형의 문제를 푸는 법과 관련된 공식을 기억하고 있는지 확인을 하는 차원입니다.

그렇게 해서 어느 정도 개념과 공식의 활용이 총 복습이 되면 이번에는 연습 문제에서 적당한 난이도의 문제들을 모든 단원에서 한 문제씩 직접 풀어 볼 수 있을 것입니다.

수학Ⅰ이든 수학Ⅱ이든 미적분이든 각 단원에서 하루에 한 문제씩만 풀어도 전체 복습이 되면서 전체 범위에 대한 감각을 살아있게 유지할 수 있습니다.

왜냐하면 단원과 단원 사이에는 연관성이 없지만 한 단원 내에서는 한 문제만 풀어도 기본 개념을 포함한 공식 등이 다 관련되어 복습이 되기 때문입니다.

다시 말씀드리지만 입시 수학은 숙달입니다.

수학 문제와 답을 암기 과목 보듯이 쭉 읽어 보라고 하는 말은 처음 들어 봤다고 하는 분이 계실 수 있습니다.

전혀 걱정하실 필요 없습니다.

이미 그전에 풀어 봤던 문제들이기 때문에 그런 문제들을 푸는 감각을 되살리면 되기 때문입니다.

어떤 유형의 문제를 풀 수 있는지, 잊어버렸는지 확인을 하면 됩니다.

"아 이런 유형의 문제는 이렇게 풀었지."

이렇게 기억을 되살리면서 확인하면, 시험장에 들어가서 그런 유형의 문제는 다 풀 수 있습니다.

걱정하지 마시기 바랍니다.

어차피 전체 범위를 꼼꼼히 풀어 볼 시간이 없습니다.

그럼 마지막 한 달 동안 수학 몇 단원 문제들만 꼼꼼히 풀다가 다른 단원들은 쳐다보지도 못한 채 시험장에 들어가는 것이 더 좋은 방법이라는 말씀입니까?

모두 현장 경험을 그것도 30년 이상 하고 드리는 말씀이니 꼭 믿으셔도 됩니다.

이제 다음 단원에서는 수능 마지막 한 달 동안 국어를 어떻게 총정리를 할 것인지 말씀드리겠습니다.

제31장

수능 마지막 한 달 동안 국어 총 복습 하는 방법

국어는 1학년 때부터 보았던 자습서들과 문제집을 잘 보관했다가 마지막 한 달에 총 복습 하십시오.

그것이 가능하도록 1학년 때부터 준비하는 방법은 이미 제Ⅲ부에서 설명하였습니다.

수능 시험 한 달 전이 되면 책꽂이에 잘 보관되어 있는 1학년 때부터 보았던 기본 교재들을 하나씩 꺼내어 1학년 때 공부하면서 줄을 쳐 놓았던 내용들을 빠른 속도로 읽으십시오.

한 학년 동안 공부한 자습서도 줄을 친 부분만 읽는다면 한 권 다 보는 데 한두 시간이면 충분할 것입니다.

그리고 문제집들을 꺼내어 문제의 번호에 동그라미 쳐져 있는 문제들을 다시 풀어 보십시오.

그리고 나서도 더 공부할 시간 여유가 있다면 문제집을 더 구입하여 풀 수 있을 것입니다.

제32장
수능 마지막 한 달 동안 영어 총 복습 하는 방법

수능 한 달 전에도 똑같은 방법, 즉 노트를 복습하며 문제를 풀고 또 적어 넣으며 또 공책을 복습하고 듣기 문제를 풀어가는 식으로 계속 꾸준히 공부해 가십시오.

시험 하루 전까지 영어를 놓지 말고 조금씩이라고 계속 공부하며 감각을 유지하도록 하십시오.

제33장

수능 마지막 한 달 동안 암기 과목 총 복습 하는 방법

기본 교재들을 하나씩 꺼내 줄을 쳐 놓은 부분을 빠른 속도로 읽어 보십시오.

아마 한 권 전체에서 줄을 친 부분만 보기로 하면 두세 시간이면 될 것입니다.

이렇게 하여 암기 과목 전체 과목에서 줄친 내용들을 7, 8번 읽으면서 완전히 숙지하십시오.

그리고 그동안 풀고 보관해 놓았던 문제집을 꺼내어 동그라미 친 문제부터 다 푸십시오.

그러고도 시간이 남으면 줄 안 친 부분도 한 번씩 읽어 보면서 문제집 한 권 더 풀 수 있을 것입니다.

줄을 잘 쳐 놓았다면 줄을 친 데서 나와도 다 맞고 줄 안 친 데서 나와도 다 맞을 것입니다.

제Ⅷ부

공무원 시험, 논문 시험 준비하는 방법

제34장
공무원 시험 준비하는 방법

공무원 시험 과목 중에서 가장 어렵고 점수 차이를 많이 내는 과목은 역시 영어입니다.

영어 실력을 잘 갖춘 사람들은 공무원 시험에서 유리한 고지를 점하고 있다고 말할 수 있습니다.

국어와 암기 과목 모두 앞 장들에서 기술한 방식을 따라 공부하면 잘될 것입니다.

수능 영어 공부하는 방법이나 공무원 영어 시험 공부하는 방법이 같고 수능 암기 과목 공부하는 방법이나 공무원 시험 암기 과목 공부하는 방법은 다 같을 것이기 때문입니다.

제35장
논문 시험 준비하는 방법

큰 주제에 관련하여 논할 수 있는 작은 요점들을 정리하여 미리 리스트를 많이 만드십시오.

예를 들어 "**미국의 관세 인상 정책이 세계 무역 질서에 어떤 영향을 줄 수 있는가**를 논하세요."라는 주제를 생각해 보겠습니다.

그런 주제를 상정하여 미리 아래와 같은 리스트를 만들어 보는 것입니다.

• 미국의 관세 인상 정책이 세계 무역 질서에 끼치는 영향

1) 보복 관세 유발-세계 무역 기구의 다자간 무역 체제 약화

2) 생산 비용 상승-기업들의 생산 기지 재배치로 공급망 교란

3) 글로벌 물류 시장 위축

4) 수입 물가 상승에 따른 인플레이션 심화

5) 탈 달러화의 가속화로 인한 파급 영향

이렇게 분야별로 여러 리스트들을 평소에 많이 만들어 놓고 자주 보면서 작은 요점들을 기억하기 위해 노력하십시오.

실제 논문 시험장에 들어가서 어떤 문제가 나오든 관련된 요점들의 머리말이 생각이 나면 그다음은 여러분의 기본 지식에 의지하여 논리

있게 말할 수 있을 것입니다.

실제 논문 시험을 치러 보면 첫 요점이 생각이 잘 안 나는 것이 문제이기 때문입니다.

그러므로 리스트를 만들 때 관련된 제목만 생각나면 그다음 이야기는 기본적인 지식과 논리로 풀어갈 수 있도록 리스트를 만드십시오.

시험장에서 실제로 기술할 때 남의 말을 옮기는 사람처럼 말하지 마십시오.

논리적으로 자신의 생각을 기술하십시오.

막연한 양비론을 펼치지 마십시오.

시험관들로 하여금 '정확하게 알고 있는 것이 아니구나' 하는 느낌을 전달할 수 있습니다.

또 같은 이야기를 반복하며 불필요한 수식어를 많이 사용하지 마십시오.

간결하게 요점들을 명확하게 부각시키십시오.

번호를 붙여가며 말하듯이 요점별로 구분 지으며 논리를 전개하는 것은 좋은 점수를 얻을 수 있는 한 가지 방법입니다.

요점을 두괄식으로 간단히 주장하고 그 근거를 설명하는 것도 한 가지 방식입니다.

여러분의 건투를 빕니다.

집필 후기

각 과목별로 공부하는 방법을 교재 선정부터 시험 마무리 때까지 과정별로 말씀드리기 위해 노력하였습니다.

여러분이 제가 말씀드린 방법을 잘 적용하면 전혀 혼란스럽지 않으면서 매우 효과적으로 공부를 할 수 있을 것입니다.

혹시 제가 말씀드린 방법에 대해 더 자세히 알고 싶으시거나 기타 자녀 학습에 대해 궁금하신 점이 있으신 분은 머리말 끝 부분에 있는 제 메일로 문의 주십시오.

기꺼이 상담해 드리겠습니다.

여러분의 수고에 따른 최선의 결과가 있기를 바랍니다.